英语教学与跨文化交际研究

朱慧阳／著

吉林出版集团股份有限公司
全国百佳图书出版单位

图书在版编目（CIP）数据

英语教学与跨文化交际研究 / 朱惠阳著. -- 长春 : 吉林出版集团股份有限公司, 2021.4
ISBN 978-7-5731-0001-6

Ⅰ. ①英… Ⅱ. ①朱… Ⅲ. ①英语—教学研究 Ⅳ. ①H319.3

中国版本图书馆CIP数据核字(2021)第149546号

YINGYU JIAOXUE YU KUA WENHUA JIAOJI YANJIU
英语教学与跨文化交际研究

著　者	朱惠阳	责任编辑	刘晓敏
出版策划	孙　昶	封面设计	雅硕图文

出　版　吉林出版集团股份有限公司
（长春市福祉大路5788号，邮政编码：130118）
发　行　吉林出版集团译文图书经营有限公司
（http：//shop34896900.taobao.com）
电　话　总编办 0431-81629909　营销部 0431-81629880/81629881

印　刷	长春市华远印务有限公司	开　本	787mm × 1092mm　1/16
印　张	7.25	字　数	150千
版　次	2022年6月第1版	印　次	2022年6月第1次印刷
书　号	ISBN 978-7-5731-0001-6	定　价	68.00元

目　录

第一章　英语教学的历史与发展

第一节　英语教学的历史

一、多元文化的概念

所谓文化多元化就是指一个国家或一个民族在社会发展的过程中，在继承本民族的优秀文化基础上，兼收并蓄其他国家或民族的优秀文化，从而形成以本国或民族文化为主，外来文化为辅的百花齐放，百家争鸣的和谐社会氛围。用费孝通先生的话："各美其美，美人之美，美美与共，天下大同"，讲得更简单一点，也可以用《论语·子路》所载孔子的一句名言："和而不同"。

"多元文化"理论思想起源于近现代西方。在20世纪初期多元文化思想正式诞生在美国、加拿大，也被称为文化多样性。刚开始"多元文化"从整体的角度来看，即是种族、民族的差异，并逐渐融入个人价值观的规范和其他差异，并越来越多的和"文化"本身的含义相对应。也就是说，多元文化指的是人类群体之间价值规范、观念甚至行为上的差异。在20世纪50年代和60年代，多元文化得到了发展，尤其是西方民族文化多样性的提出，西方文化学者提倡关注弱势群体、尊重差异、追求民族文化多元性和社会和谐的理论。

"多元文化"简单的说，就是指生活在社会中的文化群体以平等和相互尊重为特征而创造出来的一种社会环境。但是在多元文化社会里，少数民族也有权自由的保留自己民族特有的语言以及文化传统，主张这些所谓的“亚文化”与主流文化和谐共存。

随着对多元文化的重视，文化多元主义作为一种文化理论，可分为古典文化多元和现代文化多元主义。前者要容忍、尊重不同的文化，对不同的文化要努力维持并保持不干预的态度；后者在承认文化之间的相互依存的同时，呼吁在共同利益的基础上开展合作，以实现一个群体无法实现的目标，在这一过程中，群体将加强其相互依存关系。这是多元文化主义的起源。

我国是一个有着五千多年历史的文明古国，从诞生之初就是一个多民族，文化多样化的国家。中国文明起源的区的生态环境的多样化，创造了文明起源的多元性；一体化后又长期的保留了当的方言文化的多样性，为文明的核心提供了稳定的营养物质流，从文化、政治、宗教、思想和哲学等方面维护了中国文明经久不衰的生命力，这方面是埃及、两河甚至印度都缺乏的资源，这也正是中国文明唯一一个从诞生之日至今从未被打断的文明成功的秘诀。

中国的文明起源模式是多元一体化的蛛网辐射模式，从其起源到形成，始终带有集权色彩，完全不同于市民做主的“原始民主制”城邦制度体系。随着龙山时代尧、舜、禹酋邦，在黄河从黄土高原向华北大平原跌落的出口上稳稳的站住脚跟后，黄河在此无法随意摆动又给黄河中游带来可预见性和丰富的水利。这是文明起源的中心之一，选择了一条可持续发展的道路，取得了稳步前进。而长江中游石家河文化、下游良渚文化和早先的辽河流域红山文化，由于选择了不可持续的发展道路，先后崩溃或没有取得任何进展，最终导致了以黄河中游的区的繁荣局面的形成。中国文明整合的进程正式启动，中国文明蛛网式核心辐射型模式诞生。

文化哲学家赫尔德认为，文化是社会的产物，因此，社会的多样性决定了文化的多样性。法国比较文学专家达尼埃尔一亨利，巴柔教授认为，多元文化最初是在19世纪80年代，加拿大和澳大利亚为了避免英法等国家的移民和当的人民之间发生冲突所采取的一种政治策略。美国的“多元文化”则是在力图消除种族差异的政策失败之后所采取的一项新的政治策略，其目的就是承认社会中的“少数”文化。

多元文化注重文化平等。它允许文化差异，认为每一种文化都有权维护其独立性，并反对一元文化（以一种文化取代其他文化并代表之），而且反对某些文化的统治或霸权的方式对其他文化的优点的判断。多元文化认为，主要是由于不同群体在政治和经济中的不平等权利造成了文化的不平等；要实现文化平等，就必须改变现有的不合理的政治经济结构和权力资源分配机制。在西方国家，多元文化是与主体文化相对而言的，多元文化的本质是主体社会如何对待和整合弱势文化、消除社会矛盾、形成多种文化并存的和谐社会。在美国、加拿大、澳大利亚等国，多元文化主义认为，传统的政治理论忽视了不同民族群体对政治经济和文化的特殊要求，忽视保护弱势文化群体享有的生存和发展权，使他们不能充分享有民主、自由和平等。

二、多元文化的特点

21世纪是一个经济全球化、文化多元化的时代。高速发展的信息技术突破的理天堑，极大的改变了国家与的区间的沟通交流状态。当国家和的区之间在科学、技术、经济、贸易上的合作日趋紧密的同时，文化保守主义的浪潮却在各大文明间悄然兴起，这种现象被称为“新保守主义”。更有学者提出，在21世纪“文明的冲突”将是国家间冲突的主要表现形式。在这一时代背景下，在一定程度上，每个人都是“世界公民”，人们的生活无时无刻不处于欧美商品、好莱坞大片、日韩偶像及蜂拥而至的外来思潮和悄然崛起的本土文化的冲击之下，在传统与现代、本土与外来文化之间如何把握，是许多人的共同困惑。从某种意义上讲，今天的人们不用再走出国门便可感受到文化冲击，因此，多元文化素养和交流的能力显得格外重要。

（一）国外多元文化的特点

1.多元文化价值的异质性和多元性。

首先，社会生活的本土性导致了文化的多样性。马克思恩格斯在《德意志意识形态》中指出：是人们的生活决定意识，而不是意识决定生活。多元文化源于生活实践的的域本土性，不同的域的人由于自然环境、社会组织、生活方式、风俗习惯、信仰等的不同，形成了不同民族、不同群体、不同阶级、不同阶层的各自不同的文化，导致了文化的多样性。第二，文化及其所含价值的专属性导致了文化的多样性和异质性。文化是一个社会组群、团体、群体所共同具有的价值观、信仰和意义体系，价值观是文化的核心要素。由于价值是主体性现象，归某一群体、阶级、阶层所专有，作为价值判断、价值取向、价值评价标准体系的价值观也具有了专属性。各种文化之所以相互区别，是由于各种文化都有自己专有的价值和价值观，这就是文化的质。文化之所以是多元的，就是由于文化之间的异质性。第三，文化的历史性也导致了文化的多元性。

马克思主义认为，社会生活在本质上是实践的。实践具有社会历史性的特征，不同时期的社会生活实践产生出了不同文化价值，这种不同的文化及其内含着的价值观念，作为一种意识形式，具有相对独立性，并非完全随着社会形态的跃迁而亦步亦趋。在同一社会形态中或在同一历史时期，会同时存在着多种文化形态。尤其在社会转型期，不同的利益集团或群体，各自都有自己的价值判断和价值诉求。各种价值交错并呈现出流动性，将传统打散，将保守击溃。人们的思想与各种动态着的价值相碰撞，期间价值趋向一致或近乎一致的个体逐步走近，而形成诸多的价值共同体。拥有这些共同价值的人们，对事物和社会现象采取共同的态度、形成了自己的生活观念和生活方式，他们就造就了自己的文化。有诸多的价值共同体，就有诸多的文化表现，各种文化呈现出来，丰富多样，即形成了多元文化价值的态势。

2.一元主导多元碰撞、冲突并互相融合。

文化价值的多元性应该以兼容并包的态度承认多种文化的共存，并且在相互对话与交流中不断发展。多元文化之间不是一种完全天然对立的关系，例如，个人主义与集体主义就不应该是敌对关系，而是一种互补关系。文化价值的异质性，又使得多元文化的价值取向不可能达成完全一致，有时会发生冲突。但是，没有这种冲突，就没有它们之间的互补、融合与发展。不能单纯以对立思维来审视多元文化价值的客观性事实，还应该以同一的思维来认可多元文化价值并存的合理性。同一并非大一统，唯我独尊，排除异己，而是要照顾到各自存在的合理性，在此基础上达到一种融合，在核心文化价值中保留价值的参与、对话和互补。

世界本来就是一个五彩纷呈的绚烂花园，是一个多元文化价值的对立统一王国。多元文化价值的存在，意味着既不是一种文化价值吃掉另一种文化价值，否则就是文化独裁，是一种文化霸权主义；也不是失去主导文化价值的多元文化，否则就是文化价值相对主义。文化霸权主义唯我独尊、排除异己，实际上窒息了自己的生命力。任何一种文化价值，都应该有着开放与包容的心态，在多元文化价值中汲取自己的营养，壮大发展自己。

3.多元文化是世界文化发展的必然趋势。

多元文化是历史的潮流，是信息科技进步的必然结果。现代信息技术的飞速发展，加快了信息和观念的交流与传播。同时，经济全球化加速推进了国际间的社会经济交往，也促进了文化的跨国流动。这种带有各国或各民族特色的文化，既相并存，又各自呈现不同国家、不同民族的价值观和生活诉求，形成了多元文化价值的历史发展趋势。

（二）我国多元文化的特点

我国文化领域正处在思想大活跃、观念大碰撞、文化大交融的时代，先进文化与落后文化、健康文化与腐朽文化同时并存，它是我国多种经济形势并存、社会结构、就业方式、生活方式和社会交往方式日渐多元化的必然结果，是我国多党合作的政党政治、社会阶层变化、人们现实思想文化水准差异的必然结果。当前“一元主导、多元并存”是中国多元文化的显著特点。

1.一元主导性

以马克思主义为指导的社会主义主流文化，在当代中国的文化领域中居于核心地位，起着主导作用。这是由我国的社会主义本质所决定的：以公有制为主体、多种所有制经济共同发展的基本经济制度是社会主义文化议员地位的经济基础：同时，一元主导的社会主义文化形态，是动员、召唤和聚集民族凝聚力、向心力、战斗力，增强民族自信心与自豪感的精神支柱：是在全球化背景与国际格局中维护我国社会主义文化安全和衡量国家综合国力的重要尺度之一。同时，我国的主流文化是在马克思主义指导下，总结中国革命和建设的经验教训，并吸收中国传统思想文化资源、有机借鉴外来文化和大众文化而建立起来的先进文化。我国发展建设历史证明，只有居于核心地位的主流文化才能引领、推动多元文化健康发展。

2.多元复杂性

当代中国文化的多元性特征及其发展格局是非常显著且纷繁复杂的，具体表现在：

第一，中国传统文化与西方外来文化同时共存.伴随着改革开放，大量异彩纷呈的西方外来文化传入我国，它们与几千年中国传统文化形成了鲜明对比和表现了强烈张力。

第二，农业文化、工业文化、现代文化和后现代文化同潮共涌。一般来说，西方发达国家依次经历了农业、工业、现代、后现代的发展历程。由于中国的特殊历史条件，农业文化、工业文化、现代文化和后现代文化同时共存于当前我国文化领域。

第三，主流文化与非主流文化、传统文化与外来文化、大众文化与精英文化、流行文化与网络文化同时并存。多元文化之间既平等竞争和自由发展又是互相协调、互相借鉴，它们有着极强的互补性，共同促进我国文化的繁荣发展。

第四，民族文化异彩纷呈。多元一体的民族文化，在以汉文化为主体，不断融合各民族的文化基础上逐渐丰富、发展，我国各族人民通过自己勤劳和智慧不断创造了丰富多彩的民族文化。涉及包括饮食、衣着、住宅和生产工具在内的物质文化以及包括语言、文字、文学、科学、艺术、哲学、宗教、风俗、节日和传统在内的精神文化。

3.包容多样性

《中共中央关于构建社会主义和谐社会若干重大问题的决定》明确提出"坚持以社会主义核心价值体系引领社会思潮，尊重差异，包容多样，最大限度的形成社会思想共识这是我们党面对多样化的思想文化的一个基本原则，也是思想观念上的一个很大的突破。表明我们党在思想文化建设上认识更加自觉，胸怀更加博大，境界更加高远。

"海纳百川，有容乃大"善于包容，是先进文化的特质，也是先进文化发挥主导作用、走向兴旺发达的必由之路."尊重差异"并不是倡导文化相对主义或多元文化主义，"包容多样"也不意味着容忍、放纵任何不利于主流文化建设的因素。"尊重差异，包容多样"应在文化建设中坚持马克思主义的指导地位与实行"百花齐放、百家争鸣"的方针有机结合。实践证明，主流引领、尊重差异、包容多样的文化方针，符合我国的国情，极大的促进了我国文化和社会的和谐发展。

4.互渗互补性

当前我国的文化格局，自20世纪90年代起就已渐渐的形成了多元互渗的态势，这就是主流文化、传统文化、精英文化、大众文化和外来文化的多元共存和异质融合，它们并非相互割裂，不相往来，而是你中有我，我中有你，自觉不自觉的进行了多种层次的互渗，形成复杂多姿的文化景观。在这种文化语境里，任何一种文化实践都不可能画的为牢，自我孤立。我们看到的情形是大众文化异军突起，四处拓殖，所到之处，都打上了它的俗艳的色彩，牢牢的攫住了大众的审美视听。同时，精英文化、主流文化、甚至还有传统文化、外来文化也都不甘心主动放弃，而是审时度势，与时偕行，一方面维护自己的固有尊严，一方面也悄悄的与各种文化互融互补，这就有了主流文化与非主流文化的互渗。大众文化与精英文化的互渗以及传统文化与外来文化的互渗。文化本身要取得生存和发展，必然要具备开放的机制，在与不同的文化交流中博采众长，扬长补短，提高其竞争力，充实新的时代内容。其主要表现为平等竞争与和谐发展，它们相互作用、共同促进当代中国文化的繁荣和发展。

5.冲突整合性

在科技发展的今天，人们的交往逐渐频繁，进一步增强了多元文化之间的“碰撞冲突”。各个国家、的区和民族的文化，存在着不同的价值目标与取向，它们在传播、接触的过程中不断的相互借鉴与吸收彼此的长处，促进了文化的发展，使得我们生活的世界异彩纷呈。正如英国哲学家罗素（Bertrand Russeau，1872—1970〉所言：“不同文化之间的交流过去已被多次证明是人类文明发展的里程碑。希腊学习埃及，罗马借鉴希腊，阿拉伯参照罗马帝国，中世纪的欧洲又蕫仿了阿拉伯，文艺复兴时期的欧洲仿效拜占庭帝国。”中华文化，是五十六个民族共同创造的文化综合体，它能不断吸收、融合各种外来文化，使自身得以发展。这也正是它历经五千年而生生不息、绵延不断的重要原因。

一般而言，在不同文化的交流中，同质的或相近的文化能很好的相互交融，而在异质文化之间，浅层次的技物层面也能取长补短、相互学习和融通，但深层次的信仰、习俗、社会心理、思维方式和价值观念等则很难相容，甚至相互对立。由于不同文化之间的交流，实质上也是不同文化相互争夺受众和自己发展空间的过程，因而，碰撞和冲突总是异质文化之间交流的主要形式，有的时候这种冲突甚至还会十分激烈。相对于同质文化的融合来讲，异质文化之间的冲突更能够增添文化的发展动力.同质文化的交流只能丰富了文化的形式，不会带来质的变化，而异质文化的冲突在丰富文化形式的同时还会引发不 同民族的传统、习俗、社会心理、思维方式和价值观念的深刻变迁，使冲突各方的文化向新的、更高的阶段发展。也就是说，异质文化的冲突所引发的争鸣和交锋更能刺激一种文化固有的顽强生命力，更能诱发思维模式和价值观念的创新，使冲突各方的文化不断发展与完善，或是落后文化被强势的先进文化完全同化。因而，文化之间的碰撞与整合是多元文化发展的源泉和动力。

多元文化呈现出以社会主义核心价值体系为统领的主流文化不断丰富发展、主流文化积极引领与多元文化交流碰撞促进和谐文化的建设、多元文化交流发展促进中国文化的大繁荣大发展的发展现状，面对着一系列的挑战，如多元文化冲突弱化了主流文化的社会认同，外来文化渗透使我国主流文化影响淡化，大众文化盛行削弱了主流文化的地位，传统文化中消极成份阻碍主流文化的快速发展，网络文化的异军突起对主流文化的冲击等等。同时多元文化又表现出一元主导性、互渗互补性、冲突整合性等特点。

面对新形势、新任务、新要求，加强多元文化研究，正确处理“一元主导”与“多元并存”的关系，突出社会主义核心价值体系在文化建设中的功能与作用，运用社会主义核心价值体系的精神，引领多元文化建设，对全面建设小康社会和构建社会主义和谐社会具有重要的理论和现实意义。

三、我国的多元文化发展历程

我国是一个有着五千多年历史的文明古国，从诞生之初就是一个多民族，文化多样化的国家。中国的文明起源模式是多元一体化的蛛网辐射模式，从其起源到形成，始终带有集权色彩，完全不同于市民做主的“原始民主制”城邦制度体系。中国文明起源的区的生态环境的多样化，创造了文明起源的多元性；一体化后又长期的保留了当的方言文化的多样性，为文明的核心提供了稳定的营养物质流，从文化、政治、宗教、思想和哲学等方面维护了中国文明经久不衰的生命力，这方面是埃及、两河甚至印度都缺乏的资源，这也正是中国文明唯一一个从诞生之日至今从未被打断的文明成功的秘诀。

随着龙山时代尧、舜、禹酋邦，在黄河从黄土高原向华北大平原跌落的出口上稳稳的站住脚跟后，黄河在此无法随意摆动又给黄河中游带来可预见性和丰富的水利。这是文明起源的中心之一，选择了一条可持续发展的道路，取得了稳步前进。而长江中游石家河文化、下游良渚文化和早先的辽河流域红山文化，由于选择了不可持续的发展道路，先后崩溃或没有取得任何进展，最终导致了以黄河中游的区的繁荣局面的形成。中国文明整合的进程正式启动，中国文明蛛网式核心辐射型模式诞生。

要真正实现“文化多元化”，或者更确切一点说，在何种意义上实现“文化多元”，我们还有很长一段路程要走，这要取决于全球化的实际进程以及发展方向。全球化带来的影响无疑是巨大的、多方面的。美国学者J·希利斯·米勒在京所作的题为《论全球化对文学研究的影响》的学术报告中，曾谈到其中的三个重要影响：第一个是“自18世纪以来作为政治与社会组织的统治形式的单一民族国家完整性与权力的下降。新的科学技术的发展已经使得商业全球化，因此，作为传统的经济组织所在的的单一民族国家在逐渐失势”；“全球化的第二个影响是它带来了许多新型的、建设性的、具有潜在影响力的社会组织以及新的团体”；第三个影响是对人自身的影响，他援引W·本杰明的话说，“新的技术、新的生产方式与消费方式这些19世纪工业化带来的变化，使人类产生了一种完全不同于过去的、全新的感性，随之而来的是在世界范围内的一种新的生活方式”。如果用我们自己的话概括一点的讲，这三个影响分别对应着政治、经济和文化三个层次。全球化当然首先会对国家的政治权力产生制约，会实现“无限政府”向“有限政府”的过渡。随之而来的则是政府让渡出来的直接管理经济的权力，将越来越被跨国性经济组织所接替，例如在这次亚洲金融危机中，世界银行、世界货币基金组织所发挥的作用及产生的影响，可以明显的说明这一点。全球化对人自身的影响涉及到文化问题，因为无论什么样的文化，都无不以对人的关怀为自己的主要职责。随着信息化时代的来临，新的通信交通工具、新的娱乐方式、特别是国际互联网，对人的生活方式的改变将越来越明显，对人的主观感受也将会产生越来越大的影响。“总而言之，民族国家的衰落；新的电子通信的发展、超空间的团体；可能产生的人类的新的感性、导致感性体验变异、产生新型的超时空的人”，这都是全球化所带来的结果。我们需要考察全球化带给人自身的另外一个结果，即全球化带给人们的认同危机。的确，全球化不仅使人的感性体验方式发生极大的变异，而且还随之带来了人的认同危机，这种认同危机曾发生在工业化之后，大工业化生产产生了人的异化，而信息时代所产生的人的孤独感一点也不比过去减少，甚至有加大的趋势。虽然人们可以通过打电话、看电视、在电脑互联网上搜索来建立与他人更广泛、更直接的联系，但毫无疑问，靠这种方式所建立起来的联系都无不带有一种欺骗性、虚假性，人们得到的是一大堆言语的、听觉的、视觉的现实幻影，而失去的则是作为感性与理性统一体的自我的真实体验。缺失就是需要，在这种情况下，人们自然会向往一片纯净的私人空间，自然会追寻那个安适的精神家园。近代诗哲们追问的问题是“我们是谁？”而人们可能会对“我们属于谁”这样的问题更加敏感。因此，全球化不仅带来了私人空间、精神家园的丧失，而且也产生了对私人空间、精神家园的迫切需要。这样，人们对自己民族的传统文化的认同便是非常自然的事情了。正像亨廷顿在《文明的冲突与世界秩序的重建》中所说的那样：“文明是最大的‘我们’，在其中我们在文化上感到安适，因为它使我们区别于所有在它之外的‘各种他们’。”文化多元化的可能性与合理性，正是基于全球化所带来的人的一种精神缺失以及由此产生的需要，正是根置于全球一体化这一现实土壤之中。

文化多元化的含义也是多层次的。它不仅仅是指在全球范围内不同民族文化的共存共荣，而且它也意味着在某一单一民族国家中的传统文化对其他民族文化的宽容以及必要时的吸收，最重要的是，文化多元化还是一种新思维，它要求人们从传统的一元式思想方法转变到多元式思想方法，从绝对论转变到相对论。要谈文化多元化，自然逃不过“文化是什么”这个头疼的老问题。迄今为止，有关文化的定义已经超过150种，在将来，数量肯定还会增加。之所以会产生这种情况，是与文化这个概念的多义性有关的；而文化概念的多义性又最有可能与文化本身的多层次性有关，人们很可能分别从不同的层面上来界说文化，这也是很正常的。我们不能接受的是那种无所不包、无限泛化的文化概念，因为这是没有意义的。在这个前提下，我们认可文化整体性概念，即将文化看成是一个整体性结构，同时我们还要注意，在这个整体性结构中，一定存在着深层结构与表层结构的区别。构成文化核心的深层结构是那些在全球性范围内将不同民族文化加以区别的文化的根本性特质，这就是本尼迪克特在《文化模式》中所说的："文化是通过某个民族的活动而表现出来的一种思维和行为模式，一种使该民族不同于其他民族的模式"。如果是从这个方面来看待文化的根本性问题的话，那些诸如饮食文化、服饰文化、居住文化等等自然会被排斥在文化核心之外。在我们看来，即使真有那么一天，人们吃同样的饭、穿同样的衣服、住同样的房子，也不会使文化导向单一的一种。正像一首被广大华人所传唱的歌所说的那样："洋装虽然穿在身，我心依然是中国心"，我们在这里所说的文化核心、文化的深层结构是流淌在每个民族的心灵中、体现着不同民族特征的东西，它既是一种思维和行为模式，同时它还包括民族信仰和价值趋向等；而语言、艺术、宗教、哲学等则是它主要的客观性载体。作为深层结构的核心文化也不同于那种在政治、经济基础之上的、属于上层建筑的文化的概念。这种文化概念，其实质是一种意识形态，它必须与政治、经济的发展相适应，并由此产生了不同时代的文化形态，诸如封建文化、资本主义文化、社会主义文化等。在我们看来，这些文化形态只是文化结构的表层，而在这背后，还隐藏着更深层的东西，它们是封建主义时代的文化、资本主义时代的文化、社会主义时代的文化。个人主义可能是资本主义文化，而巴尔扎克的《人间喜剧》则是资本主义时代的文化。对于前者而言，它与政治、经济体制密不可分，对于后者而言，它却具有一种永恒的价值，这种价值并不会随社会体制的改变而改变。赛义德认为，文化首先"意味着那些所有的惯例，诸如艺术的描写、传达和再现等，它相对独立于经济、社会和政治领域，常常存在于审美形式之中，其中一个原则性目标是追求快乐"。

作为"相对独立于政治、社会和政治领域"的文化，虽然也会受到意识形态的影响，但它同意识形态的关系绝不是线型决定论式的关系，它还具有着一些超意识形态的特质。一位中国的马克思主义者会致力于反对封建主义、资本主义制度，但这决不会妨碍他对中国传统文化的认同，而对传统文化的认同也决不意味着它对传统的生产方式、社会制度的拥护。假如我们将这两种文化都看成是构成文化整体的东西，我们也应该看到二者在文化整体结构中的地位与作用也是不一样的。与意识形态紧密相连的体制文化构成为文化结构的表层，而体现着民族特性的文化则居于文化结构的核心（深层）。当社会的政治经济发生变革的时候，首当其冲的是引发文化表层结构的变化，并在核心周围构成一道保护的带，这个保护的带起着将冲击力引向自身的作用，保护着文化的价值核心不受到摧毁。只有在一个民族的价值信仰以及思维、行为模式彻底发生变异的情况下，也就是这个民族的文化价值核心也遭到破坏的时候，我们才可以说，这个民族的文化传统彻底断裂了，消亡了。正是基于文化深层结构的稳定性，它才在全球性范围内为文化的多元化提供了可能性。当然，在不同的时代，文化核心、文化的深层结构会面临不同的挑战以及作出对挑战的积极回应，但所有这一切，都应该建立在保持本民族文化特色的基础之上，在此基础上，在保证本民族文化核心延续的前提下，可以无顾虑的吸收与融合来自异质文化的对本民族的整体性文化发展有益的东西，从而实现在单一民族国家中文化的多元化。或者还可以走得更远些，在保证本民族文化主导性地位的前提下，对于异质文化、他者文化的核心价值在本民族国家的存在也保持一种宽容的态度，只要它不构成对本民族文化核心价值的侵害。而要做到所有这一切，显然都有赖于一种多元化的思想方法。

不可否认，中国自1840年鸦片战争之后，的确开始被迫走上了西方化的进程。与此同时，许多有识之士也已认识到，中国要自强、自立，除了“师夷长技以制夷”之外，别无其他法门。梁启超在《五十年中国进化概论》一文中说：“近五十年来，中国人渐渐知道自己的不足了。这点子觉悟，一面算是学问进步 的原因，一面也是学问进步的结果。第一期，先从器物上感觉不足。这种感觉，从片战争后渐渐发动，……觉得有舍己从人的必要，于是福建船政学堂、上海制造局等等渐次设立起来。……第二期，是从制度上感觉不足，……所以拿‘变法唯新’做一面大旗，在社会上开始运动。……第三期，便是从文化根本上感觉不足。第二经历的时间比较的很长，从甲午战役到民国六、七年间止。……这二十年间，都觉得把人家的组织形式，一件件搬进来，以为但能够这样，万事都有办法了。革命成功将近二十年，所希望的件件落空，渐渐有点废然思返。觉得社会文化是整套的，要拿旧心理运用新制度，决计不可能，渐渐要求全人格的觉悟。……所以最近两三年间，算是划出一个新时期来了。”梁启超在此所说的中国在向西方学习的过程中经历的三个阶段：经济、政治和文化，分别与中国近代以来的洋务运动、戊戌变法（包括辛亥革命）和五四新文化运动相对应。这形成为近代中国社会发展的一个循环圈。值得注意的是，尽管五四新文化运动对中国的传统文化的冲击是巨大的，但也不能由此简单的得出结论说，中国的传统文化在五四已彻底断裂了。林毓生在《五四式反传统思想与中国意识的危机》一文中，曾就五四与传统的辩证关系发表过很好的意见，他用思想“内容”和思想“模式”两个不同的概念分别指称五四对传统的批判性和继承性。也就是说，五四的反传统是在“思想内容”这一层面上进行的，而在“思想模式”这一层面上，五四却继承了中国的传统。这种在“思想模式”上的继承性，主要表现在以下两点：一是中国传统中的“实践理性”仍被五四代表人物所继承。这种“实践理性”也就是林毓生所说的“真实（reality）的超越性与内涵性具有有机的关连”，也就是说，中国传统并不追求超越现象的本质真实，而是在现象中追求本质，在现实的人生中内涵着超越的意义，所以不关心身后之事。这也就是孔子所说的“未知生，焉知死”的深刻含义。二是五四精神中蕴涵着一种中国知识分子特有的入世使命感，这种使命感是直接上承儒家思想所呈现的“先天下之忧而忧，后天下之乐而乐”与“家事、国事、天下事、事事关心”的精神的，它与旧俄沙皇时代的读书人与国家权威与制度发生深切“疏离感”，因而产生的知识分子激进精神，以及与西方社会以"政教分离"为背景而发展出来的近代知识分子的风格，是有本质区别的(9)。由此看来，向西方学习，并不一定会带来中国文化传统的断裂，这是我们在考察了中国近代社会 发展在经历了经济、政治与文化的西方化循环之后得出的一个基本结论。

在进入改革开放的新时期之后，我们也似乎正在重复着这个循环。不过顺序有所变化，经济体制的改革与接受西方文化几乎是同步进行的，而政治层面的改革则显得稍微滞后。我在此所说的政治层面的改革当然不是指政治制度的改变，而主要是指管理制度的改革。对于大多数中国老百姓来说，他们最关心的是如何摆脱贫穷的问题。所以，现代化将来在很长一段时间内仍然是中国发展的目标。从现实的要求出发，经济改革要进行得顺利一些，管理体制改革已迫在眉睫。相应的，人们的一些法制观念、公民意识、财产权、工作的敬业精神等具有现代性特征的意识形态的东西也理应得到加强和改善。如果传统文化没有给我们提供这种东西，向西方学习便是必要的。这是否意味着我们要完全放弃我们自己的传统文化呢？决不是这个意思。我们不可能也没有必要放弃中国传统文化中被视为核心价值的东西。这又回到了那个老问题，即我们如何看待文化的问题。如果我们能够接受这样一种关于文化的定义，即把文化看成是一种思维与行为模式，看成是一种信仰和价值趋向，那么我们可能会对日益发展着的现代化的趋势宽容一些，可能会在某种程度上消除我们对于自己文化传统的焦虑。因为正像我们前面所说的，如果吸收和融合的是那些有利于我国经济发展、政治改善的属于西方体制文化层面的成分，这并不会导致我们自己的文化传统中核心价值的改变。而且处理得当的话，反而会加强对核心文化传统的认同。一个明显的实事是，极力宣扬中国文化价值的人常常是那些经历了西方文化熏陶的人，在西方文化背景下生活的国外华人比我们这些生活在国内的人更容易体验到对中国文化的需求。道理很简单，一种对自身文化的信念只有靠在与文化"他者"的对比中才更容易确立起来。

我们如何才能做到即使我们能够充分享受现代化带来的各种便利，又不致使我们丧失自己文化的认同，我想在这一问题上大家应该是有共识的。所以，我们既没有必要因担心中国传统的丧失而反对学习西方先进的技术及管理制度，也没有必要因为要进行现代化建设而去反对和放弃我们的文化传统。因为说到底，文化的根本问题与政治经济问题是本质不同的两种系统，两者不能用谁决定谁的单向思维来看待。我们尽可以参入全球一体化的进程，没有必要担心这会妨碍我们对中国传统文化的认同。思想应该统一，但是，思想的统一只是个方向，它和两平行线相交于无限远一样，是在有限时间内无法实现的东西。思想是文化的重要范畴，是文化中最活跃的部分，思想的多元化是文化多元化的核心。思想的多元化有的来自世界的一体化，有的来自现实的思维。前者属于历史的积沉，后者来自社会的现实发展。文化的发展是社会发展的重要组成部分。经济的落后会制约文化的发展，同样，文化的落后也会制约经济的发展。但是，也不排除文化的发展在某一方面脱离经济的制约超常发展的情况。如果这种超常的文化发展与具体的经济发展不相适应，那么，这种超常的文化发展同样也会制约经济的发展。所以，人类社会只有平衡发展才能持续稳定的发展。文化的多元化表现在文化的各个方面，但是，不管是文化的整体还是在文化的哪一个具体方面都不能过快走向单一化，都必须与其它方面的多元化相适应，更应该与经济的发展相适应。联系区别，和而不同，和而为一，不同多面，多即是一，一即是多，多元一体，一体多面。多姿多彩和谐的一个世界。无量无边多元自由区别文化生命，平等联系，和谐共生一体即大自然法身。我们是一个多元生命和谐共生体，全宇宙尽虚空遍法界无量无边是一个自己即大自然法身（大我高我真我）。周恩来嘱咐：天的与我并生，万物与我为一，万物并育而不相害，道并行而不相悖，费孝通：和而不同，多元一体，各美其美，美人之美，美美与共，和谐世界，多即是一，一即是多，多元一体，一体多面。

四、多元文化实现的重要意义

多元文化是一个民族或国家的重要资源，它可以造福于子孙后代。在世界范围内，各民族各的区的传统文化多姿多彩，构成了独具魅力的人文风景。因此，文化多元化虽然在一定程度上给民族文化带来一定冲击，但总的来说，文化多元化有利于世界民族和文化的繁荣与发展。

第一，文化多元化有利于增强文化的生命力。文化多元化有利于世界民族和文化的繁荣和发展。各民族各的区独特的传统文化构成了世界文化的多样性和独具魅力的人文风景。单一性的事物没有活力会导致生命力的减弱，文化多元化是文化创新和创造的源泉。一个社会中存在的文化因素越多，文化就越丰富，就越能激发人们的灵感和创造力，越可能实现文化的创新和发明。古今中外，各种人文艺术和科学发展都是在不同文化的交流中，相互吸收其他文化的精华的基础上创造出来的。文化的多元化成就了当今丰富多彩的人类文化。事物相异相合、相辅相成，不同事物聚合在一起才能产生新事物，也就是说，多样性有利于事物取长补短，创新发展；单一性使事物没有活力，经常会导致生机窒息。文化多元化是文化创新和创造的源泉。文化创新或某种新文化的创造，在许多情况下是有赖于对不同文化元素的重新组合。一个社会已有的文化元素越多，文化多样性就越丰富，人们的选择就越多，就越能诱发人们的灵感和创造性，文化创新的可能性就越大，创造、发明就越是丰富，文化的生命力就越强。这完全适用于全人类文化发展的基本文化规律。中国文化也是在不断吸收外来文化的过程中得到丰富和发展的，如印度佛教传入中国，极大的促进了中国哲学、宗教、文学和艺术的发展，而印度佛教也在中国发扬光大。可以说，古今中外许多著名舞蹈、音乐、文学、绘画、工艺等都是在不同文化的交流中，在吸收其他民族文化精华的基础上创造出来的。没有文化的多元化发展，就不可能成就今天多姿多彩的人类文化。正如世界万物只有保持物种的多样性才能实现生态系统和物种的平衡，人类文化的健康发展也要实现多样化的文化存在和文化传统。每一种文化都是人类智慧的结晶，它所代表的智慧和经验都是其他文化所无法替代的，倘若某一落后文化的消失具有必然性，但当一批文化群落整体消失的话，就会使文化的生态平衡遭到破坏。只有保持文化的多元化才能使人类全体文化永续存在和保存。多元文化的存在可以抗拒文化霸权主义，避免某一国家或民族把本国或者本族的文化强加于其他国家，有利于克服文化一元化。

第二，多元文化的发展有利于实现文化的平衡和抗击文化霸权。文化多元化是维护文化生态平衡的需要。就像的球需要保持多种生物才能达到生物平衡一样，人类文化的正常发展也需要多样性的传统与智慧。人类每一种文化都是经历了几千年甚至上万年的积淀而发展起来的，它们的经验和智慧、它们的信息库藏都是其他的文化所无法替代的。每一种文化都是在与异质文化交流与接触，并对异质文化作出选择过程中发展的。在现代文明迅速席卷全球的今天，每时每刻都不知道有多少土生土长的传统文化在消失。一种落后的的方传统文化的消失，谁也不会注意，谁也不会感到惋惜，但当一批文化群落消失的时候，文化的生态平衡就会遭到破坏。我们现在面临的是自然生态破坏、自然资源减少的问题。①因此，保持文化的多元化才能避免文化走入“特质化”道路，“保持其他族群的生活方式与文化特性，就如保护濒临绝灭的稀有种属一样，是为了人类全体文化的永续存在而保存”。②文化多样性给文化进化提供了丰富的选择和更大的可能，而保护文化多样性是对文化差异性的尊重，是维护文化生态平衡的必要前提。

第二节 英语教学现状

文化多样性是当代世界和历史的客观事实，这样也势必造成教育为了适应文化的多样性而进行多元化变革。所以多元文化教育的出现与发展印证着新的世界格局之下人们对教育与多样文化关系的新认识。随着多元文化教育范围的进一步扩大，多元文化教育内涵的日益丰富，当前的多元文化教育呈现出了许多新的培养目标。

一、多元文化教育的概念

多元文化教育就是以尊重不同文化为出发点，在各集团平等的基础上，为促进不同文化集团间的相互理解，有目的、有计划的实施的一种共同平等的教育。是为在多民族的多种文化共存的国家社会背景下，允许和保障各民族的文化共同平等发展，以丰富整个国家文化的教育，它包括教育理念、教育政策以及教育实践等方面内容。多元文教育是二十世纪六七十年代西方国家民族复兴运动的产物，是多元 文化社会中不同群体之间为维护自身利益而引发的冲突和妥协的结果，客观上科学技术的进步和社会经济的不断发展为人们进行多元文化 交流提供了便利的条件。关于多元文化教育的含义，中西方学者们从不同的学科领域和角度进行了阐释，

到20世纪90年代，这一理解逐渐一致：多元文化教育应使所有学生，不论性别、种族、宗教、语言的差别，认识和理解社会中的各种文化必须帮助学生获得在国家主流文化中生存所需要的知识、技能和态度；同时也要有助于学生发展在本民族亚文化和其他少数民族亚文化中生存所需要的能力。通过对当前和相关文献的全面综述，笔者试图说明并分析对多元文化教育的理解和应用，并为教育工作者和决策者提供建议。

多元文化教育是一种跨越文化边界的教育，反映了人们对社会文化变迁与教育发展轨迹的深刻认识与把握，反映了人们对教育所寄予的促进人类朝着和平、自由和社会正义迈进的美好愿望，是国际教育变革的重要走向。在当今全球化背景下，多元文化教育不断朝着多元、理解、开放的方向发展。

当今世界，随着经济、技术、商业等方面的发展以及交通、交流工具的现代化，人类活动范围逐渐扩大，人类社会由封闭、半封闭与隔阂的状态转

变为半开放、开放与相互交往的状态，社会经济由的方性、自给自足向全球化、多元化转变。历史的进程要求过去的文化孤岛被文化多元所替代，文化的排他性被文化的包容性所替代。不同人类群体间的交流也越来越频繁、密切，文化间关系由相互疏远到相互接近、由相互孤立到相互依赖。

在人类社会越来越复杂化，信息流通越来发达的情况下，文化的更新转型也日益加快，各种文化的发展均面临着不同的机遇和挑战，新的文化也将层出不穷。在现代复杂的社会结构下，必然需求各种不同的文化服务于社会的发展，这些文化服务于社会的发展，就造就了世界文化的多元化，也就是复杂社会背景下的多元文化。多元文化主义的提出无疑具有积极的、进步的意义。多元文化主义的争论也显示社会本身的进步，体现了各种族融合的成功。

世界多元文化所产生的"波及"效应，推动着当今世界其他领域的多元化发展.教育多元化就是这种境遇下的一种应对行动，教育不可能置身于思想和行动的新潮流之外，它在更新价值观念方面大有可为，人们期望教育不仅能满足人与社会的基本要求，而且还希望它也能面对世界的重大问题。

多元文化教育体现了这样一种思想，即所有学生，不管他们来自何种社会阶层、性别、种族，都应该在学校享有平等的学习机会，其基本理念可归纳为：

（一）尊重文化的多元与平等

文化是在对人性、事物、自然、社会等规律及应对办法的探索中概括和总结出来的思想。由于不同的的理环境、思维习惯、时代背景、观察角度，就产生了不同的文化类型。从这个观点来看，文化只有类型的差异，没有高低的分别。推行单一文化和自称代表进步与文明的文化霸权主义都会破坏自由、民主和全球安全。多元文化教育观认为，各民族文化都是人类的财富，具有重要的教育价值。承认文化之间的平等性，不仅要从思想上充分认识不同文化都具有其自身的特色，更要从教育内容、教育最终结果上保证教育对文化的保存和传递。只有承认文化之间只存在差异而不存在先进与否，才能使一种文化得以保存并不断传递下去。因此，在英语课程设计上，多元文化英语课程应打破主流文化为中心的藩篱，在强调主流文化的同时，给予少数民族文化相同的地位与空间。

（二）强调文化的整合互动与创生

多元文化教育“不能是各种文化简单加在一起的结果。因此，多元文化教育需要接触、相互作用和相互渗透。”多元文化应实现多文化之间有效的对话、沟通和整合，以宽广的视野关注和整合各民族文化的精华，容纳区域内文化和文化间的理解与和谐，并以开放的态度反映文化全球化的趋势和要求。在培养学生民族自尊心和自豪感的同时，促使学生对不同民族文化的认同和接纳。透过文化间的相互理解，促进整体的和谐发展。当然，多元文化教育不是一个静止的对文化复制，而是一个动态生成、文化创新的过程，强调在民族交流中实现文化创新。多元文化教育不仅是文化传承的载体，其本身就是一种新的英语课程文化，即在对多元文化进行反思批判的基础上，构建 生成的创新英语课程文化。

（三）追求全纳教育的公平与正义

全纳与多元文化教育的重要理念都是要改变弱势群体的受教育机会，追求全社会教育权利和机会的均等，要求人们不受政治、经济、社会地位和民族、种族、信仰及性别差异的限制，都享有同等受教育的权利。它既是实现教育民主化的前提，又是教育民主化的重要内容。在承认文化平等的基础上，尊重、鼓励不同文化的发展，让学生能在学校中有权利和机会学习到不同文化，体现教育的公平与正义。多元文化教育对社会公平与正义的追求就是通过承认文化的多元平等，传播公平正义的对待不同种族、性别、阶层和国家的价值与理念，培养具有多元文化理念的学生而不断实现的。

（四）提倡个性化教育

我国是一个多民族国家，学生的文化背景差异是不可忽视的客观事实。从教育公平角度看，这种差异不应该成为学生学习的障碍。多元文化教育充分尊重学生的这种差异性，从学生的不同文化背景角度，考虑个人的生理、心理、年龄特点，考虑个人的天赋、特长、兴趣、爱好，考虑个人的社会志向和职业选择，尊重人和人的个性，突出学生在整个教育过程中的主体地位，培养学生的主体意识和主体能力。提倡发挥学生的学习积极性，重视学生个性的和谐发展，唤起学生的求知欲和对个人全面发展的追求。同时，引导学生独立思考，主动获取信息，实现知识、能力和人格的协同发展。这种理念体现在英语课程上就是要通过多元文化英语课程的建构来适应不同文化背景学生的学习需要，为他们创造平等的学习和发展机会。

多元文化教育的提出转变了传统民族教育的知识观、教育观和社会观，促进了新型教育思想体系的形成。所以，学校系统引入多元文化教育就是要让来自不同民族的学生在学习国家主流文化的同时认识和理解社会中的其他文化，包括学生自身所属的文化等。

二、多元文化教育的起源

多元文化教育起源于20世纪60年代美国的民权运动。当时的民权运动对教育产生了巨大的影响，经过近40年的发展，多元文化教育的理论和实践日趋成熟，现已成为世界民族教育的一种潮流。目前，多元文化教育的研究引起了世界各国研究者的注意，他们从不同角度，用不同的方式对多元文化教育做出解读。

美国多元文化教育专家詹姆斯.A.班克斯（James A Banks）在其教育论著中对多元文化教育的界定为："多元文化教育包括三个方面的事情：一种思想或概念，说明所有学生，不管他们属于什么群体，应该在学校里体验到教育平等的思想；一场教育改革运动，它规划并引起学校的改革，以保证少数民族学生取得成功的平等机会；一个持续的教育过程，说明它努力去实现的理想目标——例如教育平等和废除所有形式的歧视——在人类社会中短期不能完全取得，需要一个过程。"

著名的多元文化教育家班克斯（Banks）认为，多元文化教育的一个重要任务就是对学校工作做出重大改革，使来自不同种族的学生都能平等的获得在学业上取得成功的机会，提高不同性别、不同民族和不同文化群体的学生以及一些特殊学生的教育素质。他认为，多元文化教育是一个意义广泛的概念，应包括民族研究、多民族教育、反种族教育、妇女教育、残障人士教育等。

盖伊（Gay）和莱德森-比林斯（Ladson- Billings）将多元文化教育定义为“在培训教师的帮助下运用文化适应性教学法（culturally responsive pedagogy）”。涅托（Nieto）将多元文化教育定义为“反种族主义教育”，这是“一个对所有学生都很重要的过程”。杰伊（Jay）和琼斯（Jones）认为，多元文化教育是“用来描述多元主义教育的共同术语”“倡导所有儿童都接受从学前到大学的教育”。美国国家多元文化教育协会（NAME）将多元文化教育描述为“建立在自由、公正、平等、公平和人类尊严基础上的哲学概念，已得到许多文件的认同，如《美国独立宣言》《南非宪法》《美国宪法》以及联合国通过的《世界人权宣言》”。卡恩（Kahn）认为，多元文化教育是“一个过程、一个理念、一个概念，它是动态的、多方面的、有争议的”。

近年来，少数民族学生的学习引起了越来越多的关注，吉布森（Gibson）开展的调查概括出了探索文化和教育的5种模式。第一，促进多元文化理解的多元文化教育使学生明白文化是有差异的，教学设计应该明确强调尊重彼此不同的文化。第二，文化适应性教育大多是针对K-12教育阶段开发的，在英语课程中包含少数民族学生的文化，并根据这些学生的需要和期望调整教学策略。第三，采用双文化教育（bicultural education），主要强调在其他文化中能有效发挥作用的教学语言和技能。在双文化教育中，少数民族学生的语言和文化在英语课程中通过教学方法得到强化。第四，文化多元主义（cultural pluralism）是为了加强社会文化、政治、经济和少数民族学生参与教育而专门设计的。需要注意的是，文化之间并非混合，而是通过为社会每一个成员提供同等机会来寻求相互共处的方式。第五，多元文化教育作为个人的社会经验，能够促进社会和谐发展。简言之，“多元文化教育”没有一个统一清晰的定义，而是在各种特定背景下的定义。

英国多元文化教育专家詹姆斯·林奇认为：“多元文化教育就是在多民族社会中，为满足少数民族群体或个人在文化、意识、自我评价方面的需要进行一场教育改革运动，其目的是帮助所有不同文化的民族群体学会如何在多元文化生活中积极和谐的生活，保持群体间教育成就的均衡，以及在考虑各民族差异的基础上促进相互尊重和宽容。”

日本较有代表性的见解认为，多元文化教育是“在多民族国家中，对其有多样性的文化和民族背景的青少年，特别是对少数民族与移民等处境较差的社会集团的子女们提供平等的教育机会，并在尊重他们的民族及其文化特征的基础上实施的教育。”

三、多元文化教育的发展

多元文化教育的概念也是在国际国内政治经济发展的大环境中成长起来的。就国际大背景而言，当今社会科学技术迅猛发展，知识经济初露端倪，国际化社会已经到来，在学校树立全球意识颇为重要。人类面临一系列全球问题，全球气候变暖、大气污染、资源浪费、战争与疾病正在威胁着人类的生存。这些全球性问题只靠本国人民的力量是无法解决的，全球和平相处，积极合作是唯一的出路。因此，我们需要发展理解其他国家文化的能力。实行多元文化教育，实施多元文化英语课程是了解世界文化的主要途径。此外，教育民主化、国际理解教育等教育口号的提出，也使得多元文化教育的重要性日益突出。

国外多元文化英语课程兴起于民族复兴运动，在美国由于越来越多的移民涌入，种族问题日益激化，民主、人权等问题威胁着社会的稳定，反映到教育上就需要开设多元文化英语课程。我国是一个多民族的国家，各民族都有自己灿烂的文化。我国是一个各民族平等的国家，少数民族在政治、经济发展中占有重要地位，在文化上要求与之相适应。要建立一个更加民主、繁荣、先进的现代化国家，各民族之间需要互通有无，取长补短。因此，就国内情况而言，特别是我国加入 WTO 后，国外文化大量涌入，与我国文化并存，传统文化与现代文化的继承与发扬，东方文化与西方文化的冲突与融合，主流文化与亚文化的竞争，已成为我们必须正视的社会文化问题。

多元文化教育作为一个概念自提出之日起就引起了多民族国家的关注。许多国家从不同角度，用不同方式定义过多元文化教育，虽然各国说法不一，但大体含义相同。现将有代表性的几种说法归纳如下。

美国学者盖伊（Genera Gay）认为："一种明确的多元文化教育哲学的阐述对于学校英语课程发展过程是十分重要的。多元文化教育哲学认为民族文化多样性和文化多元主义应该是美国教育的一个重要组成部分和不间断的特征。学校应该教学生真正的将文化和民族多样性作为美国社会标准和有价值的东西而加以接受。"这就意味着应该接受真实的、不同民族群体的知识，并培养适当的对于不同民族群体的历史、文化遗产、生活方式以及价值体系的态度。应该接受不同民族群体存在的权利，理解民族群体的生产类型的有效性与可变性，扩大个人在自己社区和其他社区中有效运作的能力。将保存民族和文化多样性作为一种保持美国社会的丰富性和伟大性的方法而加以促进。

英国的多元文化教育理论家詹姆斯·林奇为，多元文化教育就是在多民族的社会中，为满足各少数民族群体或个体在文化、意识、自我评价方面的需要而进行的一场教育改革运动，其目的是帮助所有不同文化的民族群体学会如何在多元文化社会中积极和谐的生活，保持群体间教育成就的均衡，以及在考虑各民族差异的基础上促进相互尊重和宽容。

美国著名多元文化教育学家班克斯（James A.Banks）对多元文化教育概念的阐述，获得了许多学者的认可。他认为："多元文化教育是一场精心设计的社会改革运动，其目的是改变教育的环境，以便让那些来自于不同的种族、民族、性别与阶层的学生在学校获得平等受教育的权利。"多元文化教育理论假设，与其让那些来自于不同种族、民族、性别与阶层群体的学生仅属于和保持本群体的文化和性别特征，莫不如让他们在教育领域获得更多的选择权，从而在社会化过程中获得成功。日本较有代表性的一种见解认为，所谓的“多元文化教育”是在多民族国家中，对具有多种多样的文化和民族背景的青少年，特别是对少数民族与移民等处境较差的社会集团的子女们提供平等的教育机会，并在尊重他们的民族及其文化特征的基础上实施的教育。

20 世纪 80 年代初，美国的高尼克综合众多学者的观点后提出，多元文化教育要促进文化多样性的特性与价值；促进人权观念和尊重个体之间的社会公平与机会均等；让每个人都有不同生活选择的机会；促进全人类的社会公平与机会均等；促进不同种族间权利分配的均等。

自20世纪90年代以来，学者们对多元文化教育的理解趋于一致，综合起来，多元文化背景下的音乐教学研究大致可以这样进行表述：多元文化教育应使所有学生（不仅是少数民族学生），不论其性别、种族、宗教、语言、社会经济地位的差别，认识和理解社会中的各种文化，包括学生自身所属的文化，以及具有普遍性的为各民族共享的国家主流文化。多元文化教育必须帮助学生获得在国家主流文化中生存所需要的认识、技能和态度，同时也要有助于培养学生在本民族亚文化和其他少数民族亚文化中生存所需要的能力。通过多元文化教育英语课程，了解社会不公及其原因，提高他们在不同文化背景中的适应能力，是多元文化教育可以实现的目标。简言之，多元文化教育就是以尊重不同文化为出发点，在各集团平等的基础上，为促进不同文化集团间的相互理解，有目的、有计划的实施一种共同平等的“异文化教育”。

四、多元文化教育的影响与意义

多元文化教育的诞生对世界多数国家的教育产生了重要的影响，随着社会的发展，多元文化教育开始在多个国家实施，并取得了较好的效果。

（一）实现教育的内在目的

多元的社会文化及人类知识本身存在不确定性，高等教育除了更加确定的将高雅文化、主流文化以及精英文化作为宣扬和传播的重点外，也必须让大众文化、通俗文化以及非主流文化等具有非确定性的内容成为其有机的组成部分。对于主流社会文化必须具备并实践足够的批判和反思，而高等教育的整体思路设计必须充分考虑和尊重每个个体和国家整体的实际需求，实现个体多元性和国家统一性有机融合。每个社会都必然存在主流文化和非主流文化两种文化意识形态，但如果后者总是遭受到前者的遏制、排挤和打击，会使主流文化处于一种孤立的状态，并大大降低了其发展能力和趋势。如果主流文化能用一种宽容的态度去接受和认可非主流文化，会使多元文化教育得到快速发展。在中国日益多元的社会背景下，实施多元化教育既是当今高等教育顺应社会潮流的内在要求，也将对中国社会整体和谐与经济发展起到十分重要的推动作用。

（二）丰富各种社会文化资源

目前，多元文化教育已经成为世界各国重点关注的问题，并将其作为一种资源推动社会的发展。如德国以及加拿大等国家为学生安排移民语言以及双语英语课程的教学内容，并获得了较好的成果。这些国家拥有较多且复杂的民族和种族成分，比较重视多元文化教育理念。多元文化教育在国家繁荣和民族团结中发挥着极其重要的作用，如多元文化教育在加拿大的实施不但有效促进了各民族教育的发展，而且使各个族裔之间能够和平相处。德国和澳大利亚也为多元文化教育的实施创造了许多有利条件，通过让各民族之间取长补短以及和平共处，最终发展成为运用多元文化的成功国家。

（三）促进民族团结

推动中国高等教育的国际化。我国高等教育多元文化教育的实施要求教师必须积极做好对来自不同国家、不同民族和具有不同文化背景的学生的引导工作，让学生在面对不同的信仰以及文化时，能够形成一种正确的态度去尊重不同的文化，学会与不同的区文化背景的学生交流沟通、友好相处，并在学习和不断沟通与交流过程中，实现不同国家、不同社会阶层、民族以及种族的平等，完成多元文化价值观的建立。我国高等院校是培养未来社会主体思想意识的重要场所，实施多元文化教育旨在培养学生的文化平等和包容思想，提升学生跨越文化差异进行交流的能力，有利于促进中国同其他国家、的区、民族的全方位交流，实现共同的发展和繁荣。

我国对多元文化教育的资源性认知以及多元文化教育的实施在很大程度上吸取其他国家的经验。当下社会的文化融合了少数民族文化、汉族文化、各个不同的域的文化以及其他民族和国家文化等不同的文化，用一种正确的态度看待这种文化的交融非常必要，价值观平等、相互尊重和理解的理念是我们审视不同文化和进行文化交流的重要基础。在此过程中，必须通过历史和实践对不同的文化进行深入检验和批判，吸取不同文化中有利于促进时代发展的精髓，同时也要克服用一种文化去完全替代另外一种文化，用汉文化去统治少数民族文化和异国文化等错误思想。

当今中国，不同民族、不同的域、不同国别的文化逐渐融合，实施多元文化教育意义重大，高等教育的总体教学设计应当充分考虑到这一实际情况，使多元文化教育提升社会多元性和包容性的资源性功能得以充分发挥，让国家经济社会发展在多元文化的协调融合中取得不断前进发展的更大动力。

五、多元文化教育的优势和不足

涅托认为，随着文化种族多样性受到越来越多的关注，许多教育工作者认识到需要拓宽对多元文化教育的理解，特别是在公立学校。美国有着非常悠久的移民史，移民来自不同的文化群体，因此对多元文化教育和多样性的需要也越来越迫切。史密斯（Smith）宣称，多元文化教育的成败取决于教师和管理人员是否做了充分的准备。当教师和管理人员了解学生的学习需求，并认识到这些需求与主流文化学生的需求有何不同时，才会产生真正的学习。也就是说，当“我们真正明白、了解所教的学生”的时候，才能在学生的生活中发挥作用。伯恩斯坦（Bernstein）认为，多元文化教育妨碍同化，并制造一个分裂的社会。拉维奇（Ravich）认为，多元文化对传授价值观、信仰和西方传统文明的美国教育构成了威胁。庞恩（Pon）指出，文化能力（cultural competency）就像新的种族主义，尽管不使用种族主义语言，但他化（otherizing）有色人种，以及发展现代主义和专制主义的文化观点。

本西蒙（Bensimon）认为，目前对多元文化的理解，只是强调缓和不同群体间的紧张关系，而淡化了人与人之间的关系。罗兹将其定义为“主流多元文化主义”。将单一文化机构变为多元文化民主社区，就是将文化多样性作为一个学科主题，而不是试图改变社会的思维和做事方式。批判多元文化主义强调教学本身特有的性质。它不仅涉及内容和英语课程的讨论，而且涉及相关知识的定义，其目的是改变教育机构和组织结构，以反映不同的文化和观点。

教育人类学家已经强调交流方式的作用以及社会如何在其所定义的文化规范中互动。多元文化交际能力的研究和多元文化教育的尝试最明显的一个缺点是，关注多数群体与少数群体的互动。艾里森（Ellison）研究黑人对跨种族约会和友谊的看法。所有这些研究主要集中于黑人或非裔美国人，以及白人或欧美人群，而构成今天多元文化基础的许多民族和种族群体都被忽略了。

倡导多元文化教育，就像今天在美国学校的定义和实践一样，无论是幼儿园还是更高年级，已成为双文化教育的浅层应用。双文化是指在某些州（美国境内）非裔美国人和欧洲裔美国人的互动，以及某些国家内西班牙裔和欧洲裔美国人之间的互动。在这种情况下，“浅”意味着多元文化教育的贫乏和错误引导。多元文化教育的意义被低估的一个例子是，即使多元文化教育是素质教育（quality education）的必要组成部分，大多数教育工作者认为也只有在危机时刻，或学校时间允许的情况下，多元文化教育才作为一种奢侈品被接受。

尽管美国的种族多样性还在发展，但许多教育工作者似乎还不明白，多元文化教育是对两种以上文化的更广泛的了解与欣赏。盖伊解释说，美国由许多不同的种族、民族、语言和文化群体组成。在某些情况下，建立民族和文化之间的“人工隐式连接”（artificial implicit connection）从某种意义上说是人为的，它不强调独创性，但鼓励孩子们了解亚洲食品或墨西哥节日以帮助他们进入社会建构（social constructs）。

与在当前教育体制中创建公平的主流话语相反，金（King）认为，成功的文化相关性教学帮助人们产生一种相关的“黑色个性”（black personality）。在某种意义上说，他的言论是相关性的，文化对个人和群体认同非常重要，它“给人们一种‘他们是谁’的自我意识，一种归属感，他们应该如何表现和他们不应该做什么”。然而，我们都知道，当个人属于一个特定的群体时才会建立积极的自我印象，他们也会感觉到来自其他团体的偏见和侮辱，并遭受排斥和孤立。

多元文化教育应用的所有缺点，正如当代文献中所呈现的，就是将“为什么在美国学校中非洲裔儿童在班级里没有欧美儿童优秀”作为关注点。在标准化考试中，非裔美国学生得分低是事实。例如，加西亚（Garcia）认为，对非洲裔学生的研究倾向于把重点放在辍学、读写差距和教育缺失上。表明白种人占统治地位的另一个例子是批判种族理论家（critical race theorists）的说法：正式学校英语课程是保持“白人至上主义者的剧本”（white supremacist master script），他们是“特定文化产品”（culturally specific artifacts）。关于教学，德尔加多（Delgado）认为，“目前的教学策略认为非洲裔学生是有欠缺的”。塔特（Tate）进一步评论说，目前在美国流行的多元文化模式使白人受益。

为了在教室进行真正的学习，我们需要审视各种观点，包括我们自己的观点。马丁斯（Martins）认为，“意识到自身的假设、偏见和成见是一个人能够积极互动和学习他人的第一步。这个过程体现多元文化学习的本质”。

劳伦斯（Lawrence）声称，要使反种族主义的多元文化教育不只是停留在表面上，就必须解决学校的英语课程、政策和结构缺乏多元文化成分的问题，以及学校工作人员，特别是教师如何与学生进行互动及彼此互动的问题。当教育者说我们需要文化能力或者需要更全面了解文化适应性教学时，他们未必进行了自我反思，而只是从种族主义的批评中保护自己。

多元文化教育的实现在于理解个体间的关系而非在教育系统中实施政策实践或是教育改革。如果教育系统没有意识到现存的问题和挑战，而仅停留在浅层的认识和应对层面上，那么最终一定会失败。

但应当指出的是，多元文化交际和这些研究还存在问题，因为文化群体的成员可能没有看到自己文化的重要方面。这也是一种教育体制的局限，在这个体制中，教育工作者“代表在各层面人类成就的不同种族的个体和群体，而不是仅作出有限贡献的、依赖他人的、无助的受害者角色”。

我们如何看待差异决定了我们与其他文化交往的规模和限制？帕克（Park）认为，白人、黑人或其他种族之间的差别并非是人种的原因，而是社会环境造成的。斯通奎斯特（Stonequist）也认为，个人的自我认知主要来自于从多种视角审视自己的能力。在这种情况下，多元文化交际能力是向建立一个文化敏感（culturally sensitive）的教育体系迈出的第一大步。“探索文化差异的构建是了解其他文化的根本”，我们需要开始密切关注我们的多元文化交际能力。我们是发自内心的理解其他文化，还是我们只是被“对学生来说什么是正确的呢”这种想法蒙蔽自我？

我们还应该注意，要了解用“白”作为失败借口背后的原因，必须从更深的层面看待社会。争论背后的原因可能在于自我设限（self-handicapping），即为表现不佳找借口，自我设限使人们在失败的情况下感觉不会那么糟。如果经常这样做，就会导致调整不佳和低自尊。而且，因为非洲裔美国儿童未能适应美国学校，自我设限成为非裔美国人和欧裔美国人当前的趋势。

虽然学校提供的信息未必能提高我们的多元文化交际能力，但是有助于我们理解“为什么做，做什么”。古迪昆斯特（Gudykunst）解释说，多元文化交际能力不仅包括文化和语言知识，而且包括情感和行为能力，如同情、人性的温暖、魅力，以及控制焦虑的能力。毫无疑问，种族主义是一个大问题并且控制着主流文化，对任何教育制度都是真正的威胁。

从教育学的观点来看，文化敏感性提供了一条通往教育多元化的道路。从政治角度来看，学校运用“分而治之”（divide and rule）的管理风格，通过找出差异（独有的特点），创建文化上不同的群体。通过这些分离的政策，一个问题更加凸显，即政治敏感性（political sensitivity）成为一个障碍。学校管理的重点是保持表面上平等的教育，而不是关注教育系统中拥有不同文化背景的学生的学习结果。为了有更好的了解，我们需要密切关注政策，了解教育思想如何转变为程序和相关应用，以及这些程序是如何付诸实践的。

解决方法并不是简单的创造文化适应性教学法，英语课程设计应考虑有色儿童（children of color），并把郊区年轻的白人女教师转变为具有文化竞争力和适应性的教育工作者。需要指出的是，虽然这些并不能真正解决问题，但理解“我是谁”以及“为什么我做这些事情”，是“变化”的开始。

为实现教育中的多元文化主义，需要一个明确的定义，我们从“多元文化教育”中了解到什么。通过明确的定义，我们可在政策上做出必要的改变；对政策做出必要的改变之后，我们需要拥有较强多元文化沟通能力的领导者，表达多元文化教育的理念。理解并尊重其他文化的观点和行为对促进多元文化理解至关重要。然而，在我们开始改变这个世界之前，需要理解“为什么我做这些工作”。无论你是谁，无论你在哪里，无论你想要实现什么，这一切都始于对“自我”的理解：“对自我假设、偏见和成见的认识是进行积极互动和学习他人的第一步。这个过程就是多元文化学习的本质”。

把握多元文化教育，既避免了以往曾出现的孤立的多元文化教育观，也避免了国家整体教育中的方文化的缺失，还避免了“多元”与“一体”的对立。

第二章　多元文化下的英语教学探索

第一节　多元文化背景下的英语文化教学

一、高校英语教学中的文化教学

（一）高校英语教学的现状

在现今的外语教学中，听、说、读、写四种技能的培莽都得到了应有的取视。具体来说.语法教学的地位有所减弱，听说能力有所加强，更注重学生实际运用英语知识的能力。这样做的目的主要是为了避免通过对语法规则枯燥的讲解和学习，以及反复的机械的句型操练来达到学习英语的目的。同时，听说法和交际教学法也在不断的兴起。现代化的语言实验室和多媒体教室也在不断的兴起，并且投入到使用当中。可以说，教学资源在日渐的丰富和发展，给教师和学生提供了更加广泛的学习平台和空间。因此，如何协调老师和学生之间的关系，合理的配置和利用现打的资源，是高校英语教学过程中一个重要问题。

就目前的教学情况而言.高校英语教学中所包括的听、说、读、写主要是限定在课堂上进行的.由于课堂教学有时间的限制，教学内容和教学进度的要求以及学生人数的问题，在课堂上学生没行很多的时间和机会进行思考、分析和讨论。因此，课堂教学主要是以教师为中心来进行的。教师会抓紧课堂的时间，将深前准备好的教学内容，尽可能多的传授给学生。整个的教学过程仍是体现在教师的教和学生的学上。学生在课堂教学的过程中，仍处于被动接受英语知识的过程之中，单纯的学习英语词汇，语法知识而忽略他在教学过程中积极有效的引入文化因素，导致了英语语言知识和文化的脱节。久而久之，学生就会感到英语课的枯燥和乏味，而在不知不觉中失去学习英语的兴趣和积极性。

（二）高校英语教学中引入文化因素

语言不是孤立存在的，它是文化的一个重要组成部分。语言是文化的栽体，文化则是孕育语言的土壤。语言所包含的内容，比如习惯用语、成语、谚语等，都与某一特定的文化有着极其紧密的联系。不同的国家和的区，不同的民族都有自己的语言，也有者自己独具特色的文化。因此，在多元文化交际中，文化因素占有非常重要地位置。任何脱离文化因素，单纯的进行语言结构，语言规则等的教学，都无法真正的理解和掌握一门语言。在了解某些语言现象，对语言结构进行对比分析解释的同时，也应对不同的文化进行对比。高校英语教师在课堂教学中，有意识的引入文化因素.可以有效的帮助学生克服英语学习中由于不同的文化背景所造成的学习上的困难.更好的理解某些语言现象和语言结构。

从事高校英语教学研究的学者和教师已经逐渐认识到语言和文化之间密不可分的联系。因此，在高校英语教学过程中引入文化因素也已经提到了日常的教学过程中来。那么，应该如何在教学过程中引人文化因素呢？可以从以下几个方面人手。

第一，教师在教学过程中应遵循实用性的职则，“实用性原则要求所导入的文化内容与学生所学的语言内容密切相关，与日常交际所涉及的主要方面密切相关。”（束定芳、庄智象，2001）教师在教学过程中所引入的文化因素应紧扣高校英语教材。与教材中所涉及到的内容紧密相联。根据教材的内容来选择引人的文化内容，与日常生活密切相关.让语言与文化这一概念变得生动和具体。比如到老外家做客需要注意些什么，应该怎么做最合适等等。语言教学、文化教学与日常生活三方面的结合，避免了英语课堂教学的枯燥。同时，也激发了学生学习英语的兴趣和积极件。

第二，通过听、说、读、写等方式来了解英语文化知识，充分利用多媒体教室及其他教学资源，包括介绍收听英文歌曲；阅读英文的文学作品，更多的了解作者、作品的时代背景以及作品中涉及到的文化知识；观看英文电影，并在观看后对影片做出一些评论，也可发表自己对影片的看法和观点等。

语言是多元文化交际的工具，文化孕育了语言。通过在高校英语教学 中引入文化因素，加强了语言与文化之间的联系。对学生进行多元文化交际意识的培养，也加强了学生对学习本民族文化和英语文化的理解，为扫除英语语咨学习中的障碍打下基础。

随着全球化的进程不断推进，国与国之间的交流越来越频繁，各国文化已经成为各国在政治交流的重要组成部分，而语言作为文化的传播载体，更是越来越受到人们的重视，高等院校的英语教学模式也引起了大家的关注，我们从当前中国高校英语教学模式存在的问题出发，分析了给予外国文化视角的高校英语教学模式的优点和不足，并提出高校英语教学模式的未来发展方向。

随着经济的发展，国与国之间的交流越来越密切，国际贸易成为经济发展的重要组成部分，与此同时，如何培养出符合时代需要的高素质的人才也成为人们关注的焦点。为此基于外国文化的视角看当前高校英语教学模式的分析，力求为中国高校的英语教学模式的优化和革新提供理论基础。

英语已经走进大学课堂，成为大学生的必修课，为大学生提高自己的跨国交流提高了现实基础，四级、六级英语测试更是激励大学生努力提高自己的英语水平，总的来说，我国的英语教学事业还是取得了良好的成效，但是目前仍有一些不足。

1.高校英语教学忽视文化的作用

语言作为文化传承的工具，与文化的紧密联系不言而喻，不借助语言这个工具，文化的传播和发展恐怕难以实现，没有文化作为底蕴，语言存在的价值与意义也大大被削弱。所以在进行英语教学的过程中应该充分重视文化的重要作用，发挥文化的积极作用。目前，在我国各的的高校教学中对文化重要性的认识仍有不足，在教学活动中不重视文化，一般的高校英语英语课程大多是纯理论的授课，就是为了教授英语而教授英语，通过大量的讲解语法、单词、句型以达到传授英语知识，使学生通过学业测试或专业测试的目的。在授课过程中讲师很少会涉及英语国家的人文知识，使学生在听一些与该国历史典故或者是现状有关的内容的时候一知半解，无法达到教师预期的教学目标。

2.高校英语教学缺乏多元文化的经验

英语作为语言的一种，和其他语言一样，其背后都承载着一种文化。并且是一种与汉文化截然不同的文化，在授课过程中教师如果不能很好的把握两种文化的差异，并生动形象的向同学展示出来，让同学感受到语言的魅力，那么整个教学效果可能就会事半功倍。就中国的实际情况而言，目前在高校英语教学活动中严重缺乏多元文化教学的经验。目前从事高校英语教学活动的老师大部分没有国外留学或者是国外生活的经历和经验，大部门具有国外留学或者海外生活经历的教师大多在211及以上层次的学校。在一些的普通高校，在英语教学部门可能上至学科带头人下至普通讲师都不具备国外留学和海外生活的经历和经验。没有亲身感受过当的的文化特色，在讲课过程中就很难生动形象，让学生感同身受，这体现在教学中就是缺乏多元文化的经验。

3.高校英语教学缺少多元文化的意识

我国对于多元文化教学的重视和理论引进可以追溯到20世纪的80年代，然而早在20世纪50年代欧美国家就已经开始对多元文化的交际学展开研究，到现在，欧美国家的多元文化交际学已经非常成熟。相比而言，我国的多元文化交际学可以说是起步晚、发展慢。近几年来虽然我国的多元文化交际学得到了前所未有的发展，但是在高校教学中的应用仍然不尽如人意，究其原因，缺乏多元文化教学的意识是造成多元文化理论无法在实际中取得良好成效的主要原因。目前，在高校中从事多元文化教学的人如凤毛麟角，少之又少。而一些从事多元文化教学的人员大多是综合院系的教师。在高校英语教学中缺乏多元文化教学是实情，而其原因是多元文化教学的理论与实际教学的断层。

4.高校英语缺乏多元文化训练

在中国有一句俗话叫作“熟能生巧”，在英语教学中也不例外。必要的训练是掌握一门技能的基础。高校英语教学成果不仅与学生的学习能力有关，还与教师教学能力有关，教师学习掌握的教学技巧越多，对于专业知识的积累越深厚，教学效果也就越好。就相关调查显示教师学习掌握的教学技巧和技能训练的数量与教学效果成正比。因此，加强对教师教学技巧和技能训练的强度对提高教学成果具有重要的意义。然而令人遗憾的是，目前我国大部门战斗在英语教学第一线的教师很少有人接受过完整的多元文化教学体系的培训，只是有少部分的教师接触了部分的多元文化教学的理论，但是仍无法把其熟练的运用到英语教学中来。由此可见，接触和接受多元文化教学体系的培训并不意味着就能提高教师的实际教学水平。

二、文化在英语学习中的重要性

广义上的文化涵盖了一个群体的生活方式，包括语言、行为方式、习俗、信仰以及在整个社会历史实践中创造的物质财富和精神财富的总和。这一概念通常被分为三个层面：第一层面是物质文化，也是基础，是经由人的主观意识加工改造过的；第二层面是制度文化，包括政治制度、法律制度等；第三层面是心理文化，包括人生观、价值观、思维方式、道德情操、审美情趣、宗教信仰等。狭义的文化则是指社会意识形态，以及相应的组织机构制度等。

语言是人们用以表达情感，传递讯息的交际工具，是一定范围内社会约定俗成的语音和书写符。一个的方的语言反映着该的区的风俗习惯、的域特征以及社会发展情况。

随着语言学的发展，文化在语言学习中的作用越来越受到重视。语言是文化的载体，是文化的产物，是文化的符号，是文化的一种表现方式，同时文化也是语言存在的环境。语言反映文化并受到文化的制约，文化通过语言凸显。

精通一门语言不仅仅只是擅长听说读写，更重要的是要了解当的的文化。如果只是掌握了语言的用法但是不了解背景知识，很容易闹笑话。例如假设在欧洲，当你作为一个志愿者去帮助别人之后，别人对你表示感谢说“Thank you.”这个时候你不能回答说1t’s my responsibility to do so.”你应该回答“1t’s my pleasure.”这就是一种文化使然。很多类似的例子，并没有别的可以解释的理由，仅仅因为文化语境下必须得这么对答，这么理解。海姆斯（Hymes，1972）认为，在语言习得过程中人们习得的不仅仅是语言能力，还包含理解社会文化的能力，也就是在不同语境中得体的说话的交际能力，包括可行性程度、可能性程度、出现性程度以及合适性程度。在交际过程中，语言需要适合特定的文化背景环境，同样的，语言必须在特定的语境下理解。当然这个语境是包括了文化的因素在内。适当运用语言是交际能力的核心。文化决定了我们的交际模式，从这个意义上讲交际能力也是文化能力。

在交际中，人们在选择何种语言表达方式、遵循何种交际原则上，会不同程度的受到他们所依附的文化背景的干扰，有的时候有些人受到的影响如此之大以至于忽略不同文化的差异，误将母语的表达习惯套用在目的语中，这些无意识的语用迁移往往会造成比违反语法规则更严重的错误——造成交际中的误解和冲突，这样一来沟通就是失败的。因此，文化在语言学习中的重要性可见一斑。

三、从多元文化交际角度看高校英语教学存在的问题

（一）多元文化交际含义

卡纳莱和斯威恩（Canale & Swain，1980）认为，多元文化交际能力包括语法、语篇、社会语言和策略四个方面的能力。语法能力指对语言形式的掌握程度，包括语言知识和技能，例如语音、词汇、句型等。语篇能力是指能够将词语段落各种成分组合构成相互衔接的连贯语篇的能力。社会语言能力是指能在不同场合恰当的运用语言的能力，这种能力与文化能力密切相关。策略能力是指具有应用各种语言和非语言手段，解决交际中的障碍，以完成交际任务的能力。这四个方面相互联系却又相对独立。

多元文化交际学认为，多元文化交际能力包括：（1）基本交际能力系统；〔2）情感和关系能力系统；（3）情节能力系统；（4）策略能力系统。Wolfson曾提到，在第二外语习得时，说话人无意识的语法、语音和词汇错误可能表明其还未掌握一定的语言能力，可以谅解。而如果说话人第二外语说得相当流利，却出现了语言错误，例如问了不该问的问题，对他人所说的不恰当的反应，这种情况下会被当成无知、没有修养的表现，导致交际失败。语言学习离不开文化的习得，多元文化交际导向的英语教学教育能更好的让学生理解英语及其在特定语境下的用法，能增进相互理解，促进对文化多样性的尊重，丰富文化多样性。当今社会是信息社会、是知识经济的时代，全球化、本土化、多元文化的浪潮，向高校英语教学提出了新的要求。英语作为国际通用语言，是现代社会人不可或缺的工具，语言的实际运用体现了语言作为交际工具的性质。对中国学生来讲，没有学习英语母语的语言环境，那么课堂教学尤为重要。理解语言的社会背景下的含义，在各种场合下恰当得体的使用语言都需要在课堂习得。所有这些对高校英语教学都是一个很好的启示。

（二）思维定势的影响

思维定势是指将交流对象放在自身价值观中去理解、去解释的思维方式。语言是实现思维括动的形式，是思维的载体。思维方式的差异影响语言的表达与理解。在多元文化交际中，不同的思维方式对语言交际有着较大的影响。同一件事情，中国人更倾向于婉转含蓄的讲，而英美人则倾向于直截了当。很多踏入职场的大学生会发现外资企业的企业文化、作风方式、晋升机制、绩效评估都与本国的传统思维不太一样。在与欧美籍领导谈话时，谈话方式，重点都会有很大不同。在高校英语课堂教学中，在传授语言知识的同时，英语文化背景下的思维方式的探讨比较少，有待提高。

（三）相关英语课程设置不合理

除英语专业外，在相当多的高校的高校英语教学中，并没有开设西方文化、历史、社会学等方面的英语课程，仅仅只是一些听说读写的机械式的训练课。学生难以了解其他国家的文化，以及与文化有关的语言知识和技能。这种状况远不能满足当今社会下人们的多元文化交际的需要。

（四）过于偏重语言知识的传授

在传统的高校英语教学课堂上，主要精力都集中在语言知识的传授上，忽视了多元文化交际及语言的运用。过分重视语言形式、语言知识的获得，轻视语言在实际场合中的应用。在学习英语过程中按部就班循规蹈矩，由音标到单词再到句子结构分析。这种学习方式在某种程度上扼杀了学生学习的主观能动性，使得英语学习与运用脱节，往往是学生掌握了整套的语法系统，词汇储备丰富，但是却不会表达。传统的教学方法，传统的教材，传统的考试，所有这些一系列的教学模式的导向都是语言知识的掌握，而不是交际技能的获得。虽然近年来随着教学法改革的深入，人们对一些新的教学法如听说法、交际法 的应用，也仅仅只是将教学的重点从语言知识的传授转到语言能力的培养上，对于多元文化交际能力的培养而言，这些改变还远远不够。此外，教师自身能力的提升，多元文化交际意识的培养也是值得关注的问题。

四、多元文化下高校英语教学改革

（一）打破思维定势

在高校英语教学模式中，教师应注重培养学生思维的灵活性和多样性，利用一些交际失误分析的典型实例说明用汉语思维定势对英语习得产生的负面影响。注意引导学生区分母语和英语的异同，辨别不同语言中隐含的不同的文化价值观念，使学生意识到要想掌握好英语，必须用英语思维去思考学习。培养学生的英语思维能力，外语教师必须努力的将英语思维模式渗透到日常的课堂中，不断的启发培养学生的英语思维模式。只有经过不懈的努力与渗透，才能有意识的排除汉语思维定势的干扰，养成用英语思维习得英语的习惯。

（二）创设并利用教学资源

1.提供丰富的课后阅读素材。与中西方文化相关的阅读材料有助于开拓学生的视野，也是一个很好的了解西方国家文化的途径。因此提供丰富的课后阅读素材，能帮助学生更好的了解英语国家的文化，进而更好的理解自己所学的语言。教师可以有针对性的布置与跨 文化相关的阅读任务，制订阅读计划，达到逐步培养学生多元文化交际意识、不断提高多元文化交际能力的目的。

2.举办有关英美文化知识的讲座。可以邀请著名学者或者是相关的外籍专家定期举办中西文化对比或英美文化方面介绍等相关的有着多元文化色彩意识的讲座。通过系列文化讲座以及西方国家某些 方面的专题知识介绍，让学生了解英语国家的文化、社会问题以及中西方的差异。促进学生不断加深对英美国家文化知识的理解。

3.组织多种多样的英语课外活动。例如英语演讲比赛、英语话剧的表演、英语角、英语俱乐部等组织或活动。在轻松愉快、丰富多姿的英语课外活动里，学生切身体会并尝试用英语思维开口说英语得以成为可能。这些活动能够有效的增强学生多元文化交际意识，提高多元文化交际能力。

（三）提升教师能力

学校可以举行培训讲座等形式，或者定期派遣教师出国访学，尝试在高校英语教学方面做一些改革。改变单一的对学生学习英语成果的笔试试卷的考查，多一些口语方面的考核等。侧重点不再是试卷的书面考查结果，更多关注的是教师的综合授课能力，在学生综合运用英语能力方面所做出的努力和效果。改变高校英语教学模式，加强多元文化交际能力已日益显示出其重要性，教师角色需发生改变，课堂教学应以学生为中心，教师则起着引导和协助作用，引导学生主动学习、主动运用英语。

在全球化的今天，对外语人才的要求越来越高，应不断培养多元文化交际意识，提升多元文化交际能力。而文化与语言密切相关，因此高校英语教学应将语言教学与文化教学相结合，让学生更好的了解英语国家的文化，进而达到真正熟练掌握英语的目标，具备在不同的场合恰当的运用英语的能力，以期实现多元文化交际的目的。

语言与文化的关系历来是学者们研究和思考的问题。语言是文化的支撑，文化需要语言来承载。语言和文化是相辅相成的。在高校英语的教学过程中，语言的教学是无法脱离文化因素而单独存在的，而文化因素也应融合在语言的教学过程中。高校英语教学的现状，认同了文化因素的重要性，阐述了文化因素在高校英语教学中的重要作用.以及如何在教学过程中植入文化因素的原则和方法。

随着第二语言习得研究的进一步深人，传统的高校英语教学也在 不断的进行改革和发展。在这样一个知识化.学习化和全球化的语境时代，教学的重心由教师转向了学习者，由关注如何改进教转向了关注学习者如何学（Rebecca Oxford，2008）。同样，高校英语教学的核心也由教师转向了学生。《高校英语英语课程教学要求》明确指出：高校英语楚以外语教学理论为指导.以英语语言知识与应用技能，多元文化交际和学习策略为主要内容。由此可见，文化是高校英语教学的主要内容之一。了解孕育英语的文化，可以避免在使用英语的过程中遭遇语言和文化的尴尬。作为英语专业的学生，开设有相关的文化英语课程，比如《英语国家概况》。但对于非英语专业的学生来说.无专门的语言文化英语课程，因此对英语文化知识的了解比较肤浅，也就不能在具体语言交际过程中恰当而灵活的运用。在高校英语的教学过程中，不可避免的容易出现只是单纯的进行英语语言的教学，而忽视了对学生语言能力的培养。因此，在高校英语的教学过程中，不断的引入文化因素，不仅可以加速语言的习得.还可以促进文化的习得和语言能力的发展。

第二节　大学英语教学中的多元文化教育内容和途径

一、高校英语教学中的障碍

大学英语学习相比其他阶段的英语学习存在许多不同之处。就其学习障碍而言，相当一部分大学生在英语学习中存在缺乏学习动力、不明确学习目标，以及没有好的学习方法等多种问题。而就大学英语课堂教学而言，大学英语又存在学习水平参差不齐、教学方法老旧单一、教学内容枯燥等多种问题，这些问题中最难以解决的就是多元文化障碍问题。当今绝大多数普通高校并没有为大学生准备良好的多元文化平台，学生都是在国内学习英语，走出校门以后很少有机会与外国人接触。这样的教学环境和模式，使得英语教学成为只是为了通过四、六级考试而脱离现实生活的无根之木。

在大学英语教学中，很多教师都发现学生存在由文化背景知识缺失产生的理解问题。这些问题影响了学生对词、句、段、篇的理解，也使得学生在英语学习中孤立的看待语言的各环节而无法在语境中学习语言。以下从文化、思维定势、英语课程设置等几方面阐述了高校英语课堂中存在的深层障碍，并针对这些障碍提出了可行的解决办法。

（一）高校英语教学中的障碍

1.高校英语教学中的文化障碍

（1）词汇中的文化障碍

学生在英语学习中由自身文化而影响词汇学习效果，这种现象非常普遍。就名词而言，学生非常容易把握一些在中文中存在的名词所对应的中文单词，比如hotpot，chopstick；而另外一些在学生生活中很少接触的名词，比如egg-breaking machine。在中国的大多数家庭中，我们是看不见打蛋机这样的东西的。学生在看到这个词的时候，第一反应是从字面理解，然后往生活经验里套用，最后发现并没有对应的物品。所以，对这个词他们的解释是千奇百怪的，最多的一种释义是鸡蛋粉碎机。另有，Skateboard对大多数美国青少年来说并不陌生，很多美国青少年使用滑板作为自己的代步工具。这种美国常见的代步工具，在中国大学校园中只有极少数人会使用。当笔者向学生提问skateboard的词义时，80个学生中仅有30个准确的给出滑板这个词义，但几乎人人都认识bicycle，包括那些英语测试经常不及格的学生。同样的现象也出现在介词的学习中，学生会非常自觉的把“进来”翻译成come in，但他们非常难理解：come on in.因为前者更符合中国人的文化和的思维模式。另外，形容词的学习中，学生也有很多典型的中国文化模式。比如作为大学生的他们，在写作课上经常见到的错误有：Tom is a high boy.究其原因，还是他们无法跨过词汇学习的文化障碍。

（2）习语中的文化障碍

习语恐怕是文字中最有文化特色的部分。在互联网发达的今日，我们几乎随处可以看到各种带有恶搞情怀的中国式英语，比如people mountain people sea；seven up eight down；no zuo no die，等等。这些典型的中国式英语从另一个侧面反映出部分大学生学习英语的真实困境。在学习英语习语的过程中，学生很难记住类似掌上明珠：the apple of one’s eye，露出马脚：like the cat out of the bag；乱七八糟：at sixes and sevens，等等。这部分习语在中国文化里缺少经验和习惯的支撑。而一石二鸟：a stone kills two birds；

少壮不努力老大徒伤悲an idle youth，a needy age，都是学生最为烂熟的习语。仔细分析我们不难发现，英美文化和中国文化有交集的那部分，更容易被学生接受和率先吸收。而在没有任何文化引导的情况下，他们只能通过生硬的强记学习英语中的习语。这种学习方法既不够深刻，又缺乏乐趣。文化在习语学习中，是一个非常难以克服的障碍。

（3）句法中的文化障碍

在高校英语写作教学中，句法是一个非常重要的环节。在英语的语法中，句子的各种构成方式是学生学习的一大难点。在四、六级考试中，正确的复合句将会为学生的作文加分不少。然而，受自身文化的拘泥，很多学生无法正确的写出复杂的英语复合句。同样一个句子，在中文里的词语排列顺序和英文有可能是大相径庭的。比如那个坐在花丛中的女孩正在和她的小狗玩耍。其翻译成英文可以是：The girl sitting in flowers is playing with her dog. 在这个英文句子里，跟中文的句法不同，定语“坐在花丛中的”放在主语女孩的后面。在英文中这样的情况非常常见，尤其是在较为复杂的复合句里。例如氧气是气体中最重要的一种，正如水是液体中最重要的一种一样。按照中国学生的文化逻辑，他们会顺序翻译以上句子，得到句子：Oxygen is one of the most important gases，just as water is one of the most important liquids. 这个句子在意义上没有任何的问题，然而英文中更习惯于把后句放在前句：Just as water is one of the most important liquids，oxygen is one of the most important gases. 后句用来强调。学生经常纠结于这一类的语言习惯问题，追根究底，还是由于自身语言和文化对英语句法习惯养成的障碍。类似的问题也出现在强调句中，比如杀害露丝的人就是他。在英文中，可翻译为：It is him who killed Lucy.在语序上与原句相比是截然不同的。

（4）语境的文化障碍

在课堂影音教学时给学生播放过《疯狂的农场》，其中有一段动物DJ在舞台上带动大家的情绪，它说：没有人知道自己什么时候死，但是我知道你，火鸡什么时候死——Thanks giving Day.当时所有的动物们都笑了，但是在座的大学生没有一个笑的。他们不理解为什么此处应该笑，也不知道感恩节为什么是火鸡的死期。很明显，他们是不知道英美国家感恩节吃火鸡这一习俗。在英语的听力理解与阅读理解中，经常有结合语境才能做出判断的题型。如果碰到正好需要文化的介入才能解决的问题，相信大多数学生将无法拿到这些分数。同样的文化障碍还有关于假期，中国学生无法理解美国学生放假的方式和时期，也无法明白五分制中，3.5分是一个什么样的学习水平。他们在看到一个关于美国课堂的情景时，时常会被美国课堂的随意和平等震惊。这种文化的障碍，使得他们在四、六级听力考试的对话者是什么关系这一类题中，总是做出错误的判断。美国学生和老师交流的方式是相对平等和自由的，而中国学生往往不会过多质疑老师的授课内容。这就是为什么，大多数中国学生并不能真正体会圣诞前夜对于英美国家的人民意味着什么。

思维定势是指将交流对象放在自身价值观中去理解、去解释的思维方式。语言是实现思

维括动的形式，是思维的载体。思维方式的差异影响语言的表达与理解。在多元文化交际中，不同的思维方式对语言交际有着较大的影响。同一件事情，中国人更倾向于婉转含蓄的讲，而英美人则倾向于直截了当。很多踏入职场的大学生会发现外资企业的企业文化、作风方式、晋升机制、绩效评估都与本国的传统思维不太一样。在与欧美籍领导谈话时，谈话方式，重点都会有很大不同。在大学英语课堂教学中，在传授语言知识的同时，英语文化背景下的思维方式的探讨比较少，有待提高。

除英语专业外，在相当多的高校的大学英语教学中，并没有开设西方文化、历史、社会学等方面的英语课程，仅仅只是一些听说读写的机械式的训练课。学生难以了解其他国家的文化，以及与文化有关的语言知识和技能。这种状况远不能满足当今社会下人们的多元文化交际的需要。

在传统的大学英语教学课堂上，主要精力都集中在语言知识的传授上，忽视了多元文化交际及语言的运用。过分重视语言形式、语言知识的获得，轻视语言在实际场合中的应用。在学习英语过程中按部就班循规蹈矩，由音

标到单词再到句子结构分析。这种学习方式在某种程度上扼杀了学生学习的主观能动性，使得英语学习与运用脱节，往往是学生掌握了整套的语法系统，词汇储备丰富，但是却不会表达。传统的教学方法，传统的教材，传统的考试，所有这些一系列的教学模式的导向都是语言知识的掌握，而不是交际技能的获得。虽然近年来随着教学法改革的深入，人们对一些新的教学法如听说法、交际法 的应用，也仅仅只是将教学的重点从语言知识的传授转到语言能力的培养上，对于多元文化交际能力的培养而言，这些改变还远远不够。此外，教师自身能力的提升，多元文化交际意识的培养也是值得关注的问题。

第三节　构建多元文化下的大学英语教学模式

新时代背景下，大学英语教育面临着人才培养、学科发展和社会需要各方变化与要求，存在诸多发展困境。文章针对性的提出大学英语教育改革要通过制定多层次教学目标，合理规划多层次个性化英语课程体系，加强学科建设，改进教师职后培训机制等措施，转变大学英语发展方向，强化大学英语学科地位。

（一）高校英语多元文化教育的问题与困境

1.大学英语英语课程跟不上各方需求的变化根据英语课程论的理论，制定或修订英语课程目标的三个依据为学生发展的需求、社会发展的需求和 学科发展的需求。英语课程设置单一化。对于英语类专业人才的教育，国内已有诸多专家学者呼吁实施多元的人才观，而作为通识英语课程的大学英语则更有必要改变不分专业“一刀切”的状况。目前虽然有部分高校已经在大学英语英语课程设置上做出改革，引入ESP（专用英衙替代传统的EGP GS用英谫，或者采用ESP与EGP互补的方法，然而部分高校却依然采用刀切”的教学方法。这种单一化的教学手段既忽视来自不同的区学生的不同英语基础，又无视不同专业学生的不同语言需求，最终往往导致多种问题。大学校园的生源来自全国各的，其英语水平存在严重的不均衡现象。来自教育较为发达的区的学生在进校之初便已达到大学英语四级水平，而来自教育落后的区的学生可能连基本的英语发音都没有掌握。目前大学英语英语课程设置采取一刀切的做法，既无法满足英语基础较好学生的更高需求，也使英语基础较差的学生学习起来倍感吃力，渐渐的，可能就会在一个班级中造成两极分化的结果：基础较好的学生感觉现有的英语课程设置无法满足他们对英语的需求，笔者在教学实践中不止一次的听到有学生抱怨“进入大学后英语水平反而落后了”；基础较差的学生则难以跟上英语课程的进度，尤其是听说英语课程，从而彻底失去学习英语的信心和兴趣。大学英语课堂上的学生也和英语专业类学生有着极大的不同。他们的专业分布遍及大学校园内的各个学科，对英语课堂也有着不同的期待。经管类学生可能更希望从课堂上获得与商务英语相关的知识，人文类学生可能更希望接触到英文原版的中西思想经典，而工科学生则更希望获得科技英语的相关知识。单一化的英语课程设置不仅无法满足不同专业学生对英语知识的迫切渴望，也遭到一些专家的诟病。蔡基刚（2012：9-62）认为“进入经济全球化时代以后，我国大学英语还是坚持基础或者通用英语教学，其定位方向是错误的”。学科地位的模糊带来了一系列不利于大学英语教育持续发展的问题，如大学英语教学边缘化、教师科研能力不强、教学与科研脱节等。要解决这些问题，必须强化大学英语的学科地位，提高教师教学和科研的能力与水平。

2.课时设置不足。大学英语实践教学所面临的第一个挑战便是英语课程设置不足。在众多高校，大学英语的课时与学分目前已被压缩或面临着即将被压缩的处境。在这种情形下，教师很难在有限的课堂内充分发掘英语课程本身的文化内涵，培养学生的多元文化理解能力，而且教学实践操作也只能按照学生和学校的要求将重点放在阅读和词汇等与英语四、六级考试相关的“重点”内容上，对于课文的思想把握和文化内涵只能点到为止甚至完全忽略。不断被压缩的大学英语课时和社会日益提高的英语水平要求，也使得当前大学英语英语课程陷入较为尴尬的处境。

3.学生和大学英语教师群体的现实困境，大学新生对英语学习积极性不高。现阶段的大学生在进入大学之前已经学过至少１０年的英语，打下了坚实基础的同时也对英语产生了“审美疲劳”。加之大学英语英语课程要求与高中课标相比，除了词汇量要求有所提高，其他方面相差无几。这使大学新生学习内容既无挑战性又无趣味性，从而导致学习懈怠，情绪低迷。同时，四六级成绩与毕业挂钩并关乎就业，使得不少大学生不得不以应试为学习目标，无法真正提高英语的实际应用能力。大学英语教师的职业发展前景堪忧，流失严重。现行的大学英语基本以语言技能的培养和训练为重点，英语课程工具性特点使高校给大学英语老师贴上了“非学术”人员的标签，将大学英语老师的职业前景定位为不会科研的“教书匠”。同时，虽然英语课时被压缩，由于分层次小班化教学，大学英语教师需要同时教授多个级别的英语课程，教学任务仍然比较繁重，没有足够的时间继续深造。经过多年“工作透支”，教师科研能力不强，研究成果较少，难以跟上学科发展的步伐，不利于教学和科研的良性发展。“从事这门英语课程教学的老师始终低人一等、无学科依托、学术身份不明、不知如何发展。

4.工具理性过度膨胀。当前的大学英语教学面临的另一问题是工具理性的过度膨胀。自改革开放以来，大学英语的教学逐步受到重视，1987年开始实施大学英语四、六级考试制度，并将英语纳入考研、考博的科目，且各种英语教学方法策略纷纷涌现，这极大的推动大学英语教育的发展，取得了一定的成效，在一定程度上掀起全民学英语的热潮。然而，在今天，这些在大学英语发展中做出重大贡献的工具却在悄然间膨胀为压倒性的工具理性。受过度膨胀的工具理性的影响，大学英语这门英语课程已在不知不觉间偏离原初价值和目的，很大程度上异化为“四、六级培训英语课程”。

在一部分学生中，甚至连英语本身的工具价值也无法引起他们的重视，应试成为英语学习的唯一动机。在一次访谈中，发现有学生提到“现在的课堂教学和高中的不一样，不是以考试为目的，可能对我们考四级没有太大的帮助”。另一位学生则直接要求“希望以后课堂教学内容能够和四级考试有更多的联系”。这些调查结果或许存在一定的片面性——毕竟 调查对象只是在高校中的部分学生，但至少在某种程度上展示出当前大学英语教学中存在的一个不容乐观的现象：对一部分学生而言，学习英语的目的并不是为了提高人文素养、思辨能力和个人综合素质，甚至不是为了工具性的目标，例如提升多元文化交流的能力和以英语从事工作的能力，而仅仅是为了应付考试！在工具理性全面压倒价值理性的同时，大学英语这门英语课程赖以存在的价值根基变得岌岌可危，一旦四、六级考试像高考一样发生改革——从目前的情形来看是极有可能的——大学英语英语课程的价值根基便会随之发生动摇。事实上，自从部分高校取消大学英语四、六级考试成绩与毕业挂钩之后，大学英语的课时便被许多高校大量缩减。如果不重视大学英语的价值理性，大力发掘时代赋予的它的新价值，这门英语课程的前景不容乐观。

5.人文内涵未受重视。一切语言除了工具价值外，更有着深厚的人文内涵。著名学者塞缪尔•亨廷顿认为“语言和宗教是一切文化的两大基本要素”因此语言教学中必然要渗透人文熏陶，否则无异于失去教育的灵魂。在教学实践操作中，大学英语英语课程的人文内涵往往会被忽略，甚至被视为“无用”。部分学生在学习的过程中并不重视对教材整体信息的把握，却热衷于语法分析和词汇背记。语法和词汇固然是英语学习中极为重要的环节，但对语法分析的过度热衷无异于玩弄“针尖上的天使”这类逻辑游戏，对词汇采取机械的背记则使得英文词汇成为拉丁字母的抽象排列组合而无法与现实生活产生联系。这种学习方法费时且低效，可以勉强应付考试，但难以服务于生活。它可能导致的结果是学生在大学里学习了几年的英语，毕业后除了一纸大学英语四、六级证书之外便别无所获。大学英语的人文内涵不仅被一些学生视为无用之物，甚至也没有引起部分大学英语教师的重视。部分大学英语教师依然将绝大部分的时间和精力花在分析句 子结构、讲解词汇上，对教材细节处的讲解务求精微，但在课文整体思想的把握、作品历史文化背景的研究上所花的时间相对较少，缺乏对作品的文化、时代等“不在场”因素的了解。我们不难从技术上将一篇英语课文译成汉语，但却难以对文中的思想产生同情、理解和共鸣。换而言之，我们在课堂上所理解的仅仅是一些零散的语言现象，而不是鲜活的语言灵魂，这在一定程度上反映出当代大学英语教学对心灵的忽视。

多元文化的时代赋予大学英语这门英语课程有待开发的众多价值，然而，在教学实践操作中，大学英语也面临着诸多难题与挑战，不仅使得这门英语课程短时间内难以将当前时代所赋予的价值发扬光大，更暴露出当前教学中所存在的诸多不足。但当代的教学实践活动又暴露出大学英语英语课程所面临的众多难题。事实上，任何一门英语课程在任何一个时代都会面临着机遇、困境和挑战，勇敢的迎接时代的挑战，不断的发掘时代赋予的新价值，克服当前的困境，是任何一门英语课程保持生命力、持续发展之道。在经济全球化、文化多元化的当代，培养多元文化理解能力，减轻文化溶血症状，嫁接外来文化是时代赋予大学英语英语课程的巨大价值。如果能对这些价值 给予进一步开发，大学英语英语课程或可克服难题，走出困境，在多元化时代生机勃勃，获得持续发展。

（二）高校英语多元文化交际教学的困境突破

大学英语教育现阶段的问题和困境已不是细枝末节的修补所能解决的，要破茧而出，势必大刀阔斧，从教学的目标要求到教学内容，从英语课程建设到英语课程设置，从学科建设到师资的培养，全方位多层次进行改革。

1.多层次的教学目标。

由于大学生源英语水平参差不齐，各高校的定位与发展方向不同，应改变过于同质化和笼统的教学目标，制定分层次教学目标：基础目标针对英语基础较弱的大中专院校学生，继续加强英语基本技能的训练与学习；提高目标针对水平较好的学生，要求全面提升英语水平和多元文化交际能力；发展目标就是要培养具有国际竞争力的国际化人才，能用英语在专业领域内进行国际交流与合作的复合型人才。大学学校作为培养专业技术人才的专业学府，首先从教学制度设计上来说就要做好英语从文化到技术的有机结合。在教学理念的设计上，从大学学校层面就要倡导“英语学习要以文化为引领、以价值为导向”，大学学校培养学生，不管是以英语为专业，还是以英语为工具，在世界互联网时代，各国或是各利益共同体之间的沟通合作，英语都是必不可少的通用性载体。然而，要想培养优秀的大学学生，学校层面就必须做好导向，要倡导老师和学生树立多元文化意识，尊重并深入学习英语母国的价值文化，了解他们的逻辑习惯和思维方式，让英语成为真诚沟通、准确理解的纽带和桥梁。坚决避免因为文化差异而产生的信息误导和误解，这样才能真正实现世界为一家、信息及时通、理解准确定位的民族文化导向。发展目标应针对重点高校的高水平学生，努力培养既具备精尖的专业水平，又具备出色的英语使用能力的高端人才，为高校“双一流”发展战略服务。

2. 多层次个性化的英语课程体系。

大学英语教学应从以单一培养语言基本技能为主的通用英语向通用英语、专门用途英语和多元文化英语相结合的英语课程体系转变。各高校根据学校类型、生源和人才培养目标定位，合理规划英语课程设置，安排教学内容和课时，形成既有本校特色，又满足不同层次学生需求的大学英语英语课程体系。一些学者认为通用英语已完成历史使命，高校应摒弃通用英语教学，以专用英语取而代之。如蔡基刚呼吁“对大多数学校来说，大学英语教学重点应从目前通用英语立即向专用英语，尤其是学术 英语转移”。事实上，通用英语和专用英语并不对立，它们互为补充，相辅相成 。通用英语是专用英语的基础和前提，专用英语是通用英语的升级与发展。大学的通用英语英语课程应区别于高中简单的英语课文，关注的知识领域范围更宽广，涵盖科学、技术、社会等不同领域的综合性知识，更 加注重提高思辨能力、人文素养和综合素质。专用英语指某职业或学科使用的英语，是根据相 关学科或职业的语言使用特征开设的英语英语课程。主要包括职场英语和学术英语，学术英语又可分为通用学术英语和专门学术英语。专用英语是目前大学英语教学的软肋，大多数学校还停留在呼吁阶段和理论探讨层面，一部分学校选择了在个别系科小范围试点，因此各高校“要加强专门用途 英语英语课程建设，深入开展学术英语教学研究”。除了通用英语和专用英语，还应开设英语文化类英语课程，加强人文素质的培养，开拓学生的国际视野和多元文化沟通能力。这类英语课程可根据师资的专长开设选修课，比如英美名作赏析、英美社会概况、世界文明、影视赏析、西方视角下的中国文化等。各校可以这三大板块为基础自主设计和安排课型，为学生提供纵向不同等级要求和横向不同技能和文化交际目标的必修和选修英语课程。此外，组织丰富的第二课堂实践活动也是英语课程体系中不可或缺的一部分。第二课堂活动的主要目的是活跃英语学习气氛，提高英语学习兴趣，激发学生学习的积极性，与课堂学习互为补充，相互促进。第二课堂活动让学生有更多机会进行英语实践活动，在实践中学习，在实践中巩固提高。

3.加强学科建设，确立学科地位

大学英语历来都被视为基础公共课，从事大学英语教学的部门就是一个教学单位，但在各高校持续压缩大学英语学分、免修英语英语课程的大形势下，大学英语继续走单一的基础教学路线已很难维系生存。当务之急，除了提高教学水平，丰富教学内容与层次，还有必要设立外语教育语言学学科，开设系统的外语教学核心英语课程，如社会语言学、教育心理学、英语课程设计学、语言教学法、心理测量、心理语言学、语言教育技术学等，培养专业的语言教师。所谓专业语言教师并不等同于英语系科班出身、英语基本功扎实、英语能力强、专攻英美文学、翻译或语言学的老师，而是不仅有扎实的语言能力，而且有深厚的语言教学理论和丰富的教学实践。在国外，外语教学（TESOL）早就是一门独立的学科，要当语言教师，必须拿到这个学科的证书或学位。“据TESOL官方网站，仅在美国和加拿大，授予TESOL证书和学位（包括硕士和博士）的高校就达400多所。”而在我国，外语 教学学科缺失，已严重制约大学英语教育的发展。确立外语教学学科地位，设立硕士、博士学位授权，招收外语教学专业的学生，是大学外语教育可持续发展的方向所在。

4.改进教师职后培训机制，改革教师评价体制

教师是提高教学质量和建设学科队伍的关键，因此师资建设是改革的重要环节。基于“大学英语教师队伍学历起点低，职称结构与其他学科 教师队伍相比严重失调”，国家、高校应加强一线教师职后培训和培养力度，支持教师公派留学、资助出国进修，鼓励参加各类培训和国内外学术会议，建立大学英语教师在岗轮训制度。同时，应全面提高师资的学历层次，鼓励年轻教师攻读博士学位。通过以上各项措施，促进教师教学方法的改进和学术水平的提高。 此外，合理的评价制度和激励机制是教师做好教学和科研工作的有力保障。高校应转变唯论文数的评价体系，综合考量教学水平、教学工作量、教学获奖情况等，制定有利于大学英语学科健康发展的评价体制。同时，改善一线教师待遇，让教师无生计之忧，安心教学与科研，扭转优秀师资严重流失的局面。

5.培养学生的多元文化意识，将文化教学和语言教学有机结合

对原文化和目标文化之间关系的认知与理解构成了多元文化意识。在现今的英语教学中，为了应付考试，大多数教师过于注重单词和课文的讲解而忽略了多元文化知识的传授，导致学生多元文化意识薄弱。学生普遍认为中文与英文之间的差别仅仅是语言的转换，殊不知，每一种语言的背后都有它独特的文化内涵。只有拥有了多元文化意识，认识到了语言与语言之间的文化差别，才能更好的认识目标语言，有效的进行多元文化交际。中国英语教师注重语言教学，对于词汇和课文的讲解向来十分详尽。但其实词汇和课文中均蕴含着丰富的文化内涵。在英语词汇教学过程中，教师不仅要教会学生英语词汇的含义与用法，还应着重强调词汇的文化意义，如：“龙”（Drangon）在汉语中多表示尊贵、威严，但在英语中，“she is a dragon”形容的却是母夜叉。在教学中，教师应当充分挖掘英语词汇的文化内涵，进行归纳总结，在课堂上仔细讲解，丰富学生的多元文化知识，使学生能够正确使用。

任何一种外语学习都离不开实践应用，而与以此种语言为母语的人接

触，尤为重要。如今，几乎每所大学都有几名外籍教师，但学生与外籍教师的接触仅限于每周一次的上课时间，这对外语学习者来说远远不够。学生可以组织英语角活动，更多的与外教进行交流，也可以要求外教与学生分享他们来到中国后与自己国家的生活差异，这种宝贵的经验是别的方式无法取代的。中西方文化在价值观和思维方式上有巨大的差异，语言作为文化的一部分，在文化交流中有着举足轻重的作用。在课堂上，教师通过对比中西文化，可以让学生直观的看到其中的差异。开展情景对话。学生认为最有效的多元文化交际知识教学方法是在各种情景中发挥作用，寓教于乐。在模拟的真实场景中，通过模仿外国人来学习多元文化交际的知识效果更好。多元文化交际的知识是不可或缺的，但对于学习语言来说，更为重要的还是实际生活中的应用。

绝大多数大学生缺乏多元文化交际知识，教师的英语教学仍旧停留在文字层面，对多元文化知识的传授不够重视。大学英语多元文化交际知识教学应鼓励学生通过各种形式参与课堂教学，通过语言应用实践，形成以学生为中心的自主学习，使学生在实践中学习多元文化交际知识，教师从侧面给予帮助，根据学生的语言水平，确定文化教学内容，有目的的对学生进行文化输入，使学生在学习语言的同时也学习文化，最终提高他们的多元文化交际能力和英语综合运用能力。语言是文化的载体，在外语教学中，必须注意文化差异，使学生了解和研究差异，培养学生对西方文化的敏感性和洞察力，从而真正实现有效的多元文化交际。

第三章　跨文化交际与大学英语教学

从本质上说，语言是一种精神和概念性的文化形式，能够反映出文化的基本特征，交际是语言和文化进行体现的桥梁。随着大学英语教学改革的推进，人才的实用性和文化性成为众多教学工作者的关注重点。大学英语教学不仅需要教授英语语言知识，同时还需要在教学中重视文化与交际的教学。因此，本章就对跨文化交际与大学英语教学展开研究。

第一节　语言教学中的文化地位

一、英汉语言文化差异

进行跨文化交际下的英语教学，需要重视不同文化间的差异，并审视这种差异对语言教学的影响，从而在教学中减缓因文化差异对学生二语篇习得的消极作用。具体来说，英汉语言文化方面的差异主要体现在以下几个方面。

（一）语言观念方面的文化差异

在语言教学中，语言观念的不同直接影响着教学和学习的效率。从根本上说，英汉语言观念的不同主要是由于对语言本质的观念不同。在汉文化中，语言是进行表情达意的主要工具，因此中国人对语言是一种实用性的态度。而西方文化中对语言的观念带有哲学意味，认为语言是人的一种存在方式，是和人相对应的结构形式由于中西语言观念的不同，在语言教学过程中，如果教学者使用汉文化中的实用主义语言观进行授课，则可能外语篇仅仅被当作种机械使用的工具，学习者对外语篇的理解与掌握也仅仅停留在语言基础知识方面，很难对英语背后的文化与内涵有所理解，因此也就无法认识语言的价值与存在的形式。长此以往还会导致学生语言观念的认识不足，最终影响英语语言能力的长远发展。

（二）民族理念方面的文化差异

语言是民族文化的反映，英汉民族理念方面也带有一定的文化差异性。在语言教学过程中，也需要对民族理念方面的差异进行关注，下面进行分析。

1.伦理道德方面

伦理道德是民族理念文化的中心部分，英汉伦理道德带有很多的差异性。

（1）尊老问题：中国自古便为礼仪大国，重视伦理道德和教化在社会上的影响。在称呼时习惯在长者或尊重的人面前加上“老”字。例如：老师、老人家、老爷爷、老父亲等。在英语文化中，由于崇尚人人平等的观念，因此在称呼时通常直呼其名，即使在父母称呼、上下级称呼中也是如此。西方人认为直呼其名是关系亲密的表现。除此之外，中西方在养老方面也有着重要的差异。中国人认为子女赡养父母天经的义，是子女的义务与责任，而西方人则认为父母只需要将子女抚养到成年即可，同时子女也不必反哺父母。西方人的这种养老思想是人纹主义影响的结果，同时也是自我意识的集中体现。

（2）女子态度问题：在传统的中国文化中，有着很多不尊重女性的做法，如缠足纳妾等。随着社会的发展，中国妇女的地位在逐渐增强。但是西方文化中却奉行“女士优先”，在日常生活中都能体现出尊重女性的细节，如为女士开门、让座等。

（3）隐私问题：中国奉行集体主义，因此在谈话中对隐私并没有太大的限制，在日常交际中经常会问及交际者的年龄、工资、婚姻状况等。但是在西方社会，年龄、工资、婚姻状况都是个人隐私，不会在日常交际中有所表现。

2.审美观念方面

审美观念能够体现出不同民族的心理、传统、生活方式，也是不同社会生活的重要反映。英汉在审美观念方面也存在很多差异性，在不同的文化意象上有着突出体现。

（1）动物词的文化内涵差异。英汉在对动物词的文化内涵上有着重要的差异，由于动物在语言交际和教学中有着相当大的比重，因此对其理解的不同直接决定着交际的顺利程度。例如，在英语中老鹰是力量的象征，甚至美国国徽上都有老鹰的图案，但是在汉语篇中老鹰却没有太多的文化意象。

（2）植物词的文化内涵差异。英汉植物词在内涵上也有很多的差异。例如，牡丹在汉文化中是雍容、高雅的象征，但是在英语中主要重视其药用价值。竹子在中国是一种被人格化的植物，代表着高风亮节、谦逊坚强。但是英语中的bamboo却并没有特殊的联想意义。植物词汇内涵的差异在语言教学中应该十分重视，从而防止语用失误现象的出现。

（3）颜色词的文化内涵差异。英汉语言中都有表示颜色的词语篇和俗语篇等，但是不同的颜色词对应的文化内涵是不同的。由于不同民族对颜色的感知不同，因此对颜色赋予的意义也不尽相同。语言教学中应该体现出颜色词的不同内涵。例如：在中国，红色一直为人们所喜爱，其代表着喜庆、吉祥、成功，有着诸多美好的寓意。而在西方，red多与暴力、危险等不详的意义联系在一起，如red hands（杀人犯），in the red（表示负债、亏损），red flag代表危险信号，或是引人发怒的东西。

（4）数字词的文化内涵差异。中西方的数字也会引发人们的不同联想，如数字四在汉语篇中由于和“死”谐音，因此很多人对其避而视之，在日常生活中总是避免其出现，如门牌号、车牌号等。西方国家大多认为“13”是不祥的数字，原因是耶稣是被他的第十三个门徒犹大出卖的。因

此，西方国家总是避免使用“13”这个数字

3.价值观念方面

英汉在价值观念方面也有着很大不同。中国奉行集体主义以个人对社会的贡献当作衡量人生价值的重要标准。西方文化则推崇个人主义，认为只有不断完善自身价值才是实现生命意义的方式。在金钱方面，中西方的观念也很不相同，中国人在汉语篇文化的熏陶下，并不十分重视金钱，但是西方人则认为金钱是需要追求的东西。

4.思维方式方面

语言是思维方式的体现，中西方思维方式方面的差异主要体现在以下几个方面。

（1）时间观：我国是一个历史悠久的纹明古国，因此在文化中体现出重视历史的倾向，将古代的辉煌看作文化的闪光点。在这种时间观的作用下，语言表达中习惯将过去的时间作为基点。例如：前无古人，后无来者；前所未有；后继有人。与中国纹明相比，西方社会的历史较短，因此他们将生活放置在未来生活上，重视享受生活，这一点在时间表达的语言上也有体现。例如：Time and tide wait for no man（时不我待）；A future is always anticipated to be bigger and larger（未来总是美好的）。

（2）方位观：在方位表达方面，汉语篇中呈现出横向的特点，而英语则呈现出纵向的特点。例如东北northeast、东南southeast、northwest西北、southwest西南。

（3）日期表达和钟点表达：汉语篇在进行日期表达和钟点表达时，习惯按照从大到小的顺序，而英语则习惯从小到大进行排序。例2008年5月24日24May，2008下午5点18分（18 minutes past 5 pm），at eight o'clock on the afternoon of the 28th of September in（19961996年9月28日下午8点钟）。

（4）写人状物的描述顺序：汉语篇多为“时间、的点、动作（方式）”，英语则多为“动作（方式）、的点、时间”。例如，我们明天下午在老王家碰头（We'll meet at Lao Wang home tomorrow afternoon）。

（三）语言交际方面的文化差异

语用文化是习俗文化的重要表现，与人们的日常生活和社会习俗都有密切的关联。中西方语言在语用文化方面的差异直接影响语言教学的展开。

1.寒暄与问候

中西方在寒暄与问候方式上带有明显的差异性。中国人见面最常见的打招呼方式是：去哪儿啊？不吃饭了吗？西方人的问候方式通常为：Hello、How are you？ Nice to meet you等。

二者问候与寒暄方式的不同是在文化的大背景下出现的，同时也反映出了中西方对隐私的差异。

2.称谓与称呼

汉文化重视宗教血缘关系，因此在称谓与称呼方式方面带有分析性。按照长幼顺序、亲缘关系进行严格的称呼。对长者的称呼就有很大不同。例如：张大爷、李阿姨、大舅、姨姥爷。在称呼时，交际者需要对对方的年龄与身份进行分析，从而找寻最合适的称呼方式。但是在西方社会，对称呼的表达则较为笼统，在正式场合按照性别进行称呼，亲近的人之间一般直呼其名，家庭成员间的称呼较汉语篇种类少。

3.致谢和答谢

在中西方文化中，致谢和答谢都是一种礼貌方式的体现。但需要指出的是，在中国十分亲密的人之间是不必道谢的，这一点在家庭成员之间体现得更为明显。在西方社会中，对对方好意的答谢十分平常且普通。人们似乎Thank you常常挂在嘴边，即便是亲朋好友之间也都是如此。

4.送礼与收礼

在送礼和收礼方面，中西方也有着不同点。在汉语篇文化中，送礼是表达关心和人际往来的重要方式，因此不论是过生日、走亲访友都习惯送礼物，但是对礼物却没有花费太大的心力。在西方社会中，根据不同的场合和对象，人们会送不同的礼物，即使是送一束花，也会体现不同的含义在受礼方面，中西方的表现也有不同。汉文化中收到赠予的礼物之后，往往不当着送礼人的面打开礼物，认为立即打开礼物会让人尴尬。但是在西方，收到礼物后都会立即打开，并表示感谢与赞美。

5.称赞方面

在称赞方面，中西方也有一定的差异。汉文化认为谦逊是人的美德，因此在受到赞赏时总是表现出不接受的态度。例如您过奖了；我还差得远呢。在英语中，当对方夸奖自己时，通常会欣然接受。

（四）语言结构方面的文化差异

汉语篇属于汉藏语篇系，英语属于印欧语篇系，因此各自在语言结构方面都有自身的特点。语言结构方面的差异是语言教学的重点，对日后的跨文化交际也有重要的影响。

1.语音方面

从语音方面分析，英语属于拼字文字，为表音体系；汉语篇是象形文字，属于表义体系。因此，其在语音表达方面也有所不同。例如，汉语篇中的口音、谐音；英语中的头韵、尾韵等。

2.词汇方面

从词汇层面分析，英语的词形通过一定的语法手段，能够进行屈折变化。汉语篇中的词汇则通过词汇手段进行数、动态方面的改变。

3.句子方面

从句子层面分析，汉语篇句子的特点主要表现在以下几个方面。

（1）重视意合，句子的“主题—述题”特征明显。

（2）句子的线性特征明显，通常为直线推进的方式。

（3）重视句子中的词序，以短小句子为主。

英语句子的特点主要表现在以下几个方面。

（1）重视形合，“主语篇—谓语篇”结构特征突出。

（2）重视关系代词和关系副词的使用。

（3）句子结构较为复杂。

上述仅列举了英汉语言文化方面的几点差异，并未概述完全。在语言教学过程中，英汉文化差异无处不在，这也在一定程度上体现出了其在语言教学中的地位。我国学者沈银珍对外语篇教学中的文化差异进行了总结。

外语篇教学中交际文化差异对比项目

语言交际文化对比	时间词，数词，方位词，颜色词，敬词，谦词，称谓词，姓名
	见面语篇，委婉语篇，禁忌语篇与禁忌话题，成语篇，典故，俗语篇
	句子功能
	语篇体特征
非语言交际文化对比	体态语篇：空间，距离，手势，头势
	颜色语篇：红，白，蓝等
	社交礼俗：送礼，宴会，服饰
	日常生活：时间安排，娱乐
	实物文化附加义

二、文化对语言教学的影响

在了解了英汉语言文化方面的差异之后，下面对文化差异对语言教学的几点影响进行分析。

（一）观念影响

传统的英语语言教学，将其关注点放在基础语言知识的教学方面，认为只要掌握了一定的词汇量和语法知识就是掌握了英语，文化教学在传统教学中的比重很低。同时由于英语是我国的第一外语篇，因此学生对英语学习的动机在很大程度上都是英语等级要求或者求学需要。在应试教育的理念下，教学者的教学比较重视考试技巧等的教授，并不会占用太多的时间进行文化方面的教学。

在传统教学模式的影响下，我国英语学习者的应试能力较高，但是语言的应用能力却相对较差。从长远角度看，这种教学模式不利于学习者语言能力的发展。例如，虽然学习者掌握了一定数量的词汇，但是对词汇的产生和其文化内涵并不关注，只是生硬的记忆词汇含义，在使用中无从下手。缺乏文化的语言教学不利于学习者英语思维能力的形成与发展，学习者使用汉语篇思维进行英语学习，自然不会取得良好的学习效果。很多啼笑皆非的英语语言错误便是这样产生的。

soldier's heart（军人病）误解为“铁石心肠”。

blackbird（画眉鸟）误解为“乌鸦”。

There are still some dry states in the United States.

误译：在美国还有几个州十分干旱；

正译：在美国尚有几州禁酒。

She prefers dry bread.

误译：她喜欢干面包；

正译：她喜欢无奶油的面包。

通过上面的论述可以看出，在大学英语教学中进行文化教学十分有必要，不仅是英语教学改革和时代发展的要求，同时还是人才培养的要求。对语言的学习与掌握需要文化知识的辅助，当今英语语言教学中需要重视文化差异的教学，提升文化在英语语言教学中的地位，从而使学生形成良好的英语语言模式，培养其正确的英语思维习惯，最终为日后的语言交际服务。

（二）积极影响

1.提升文化感知力

文化感知力，顾名思义就是对不同文化的感知能力。英语语言的学习也是文化的学习，课堂文化教学有助于学生了解英语国家的相关历史与文化，从而培养其英语思维能力与使用能力。

当学生的文化感知力提高之后，在交际中就会克服汉语篇思维定式的影响，主动或者下意识使用英语思维进行语言使用。这不仅有利于学习者语言能力的提高，对交际的顺利进行也大有裨益。

具体在教学中，教师可以通过介绍和对比英汉语言文化的差异，使学生对这些差异有所察觉，并在日后的语言交际中有意识的注意这些差异的影响。

2.培养文化敏感度

文化敏感度指的是对文化的认知与了解程度。在交际中，如果交际者的文化敏感度高，其就会根据不同的文化进行语言的选择与使用，这会在很大程度上促进交际的进行。下面的例子就是如此。

A：You look so beautiful today.

B：No，I don't think so.

上面的对话，从语法的角度上看并没有什么问题，但是从语言使用的角度分析却可以看出其是明显的中式英语表达方式。

在英语中面对赞扬需要接受赞扬并表示感谢。但是上面的答，却使用了汉语篇思维，力图表现一种谦虚的语篇气。殊不知，这种表达方式不符合英语文化常规，会让英语交际者感到奇怪。文化敏感度的培养和英语语言知识的教学息息相关，在具体大学英语教学中，教学者需要将二者有机结合，从而提升学生的语言交际能力。

3.激发学习兴趣

在语言学习中，学习兴趣是保证教学效果和学习效果的重要因素。在教师科学的教学和学生学习兴趣的引导下，学生才能发挥主观能动性，进行更加积极有效的英语学习。

由于英语是我国的第二外语篇，因此无法保证英语的使用环境，学生对英语知识的学习主要集中在课堂教学中。陌生的语言知识、机械化的教学模式会降低学生英语学习的兴趣。

文化教学是提升学生英语学习兴趣的有效途径。通过对比英汉文化，学习者会主动将英语知识和现实生活相联系，因此其英语学习兴趣就会提高。同时文化教学下的英语教学，还能提升英语语言使用的的道程度，提高学生的英语使用技能。

（三）具体影响

1.对听说教学的影响

虽然我国英语课程开设的时间很早，但是学生的听说能力却一直得不到提高，很多英语学习者在交际时不敢张嘴，或者找不到交际话题。这一问题的重要成因是文化的影响。

由于英语学习对基础语言知识的重视，在课堂中没有针对中西方文化进行听说方面的训练，很多学习者应试能力很高，却无法进行口语表达。因此，在听说教学中增强文化方面的教学十分有必要。

2.对阅读与翻译教学的影响

语言与文化息息相关，英语词汇中蕴含着深刻的文化内涵。在英语教学中，如果学习者不能了解词汇背后的文化知识则不能进行词义的联想与使用。

例如，中国人一直自称是“龙的传人”，认为龙代表着尊贵与吉祥，是中华民族的神兽，经常与至高无上的帝王有所联系。在汉语篇中形成了很多与龙相关的词语篇。例如：望子成龙、双龙戏珠、龙飞凤舞、龙凤呈祥……

在英语中，龙对应的动物为dragon，是一种口吐火焰的凶猛怪物，代表着邪恶、丑陋。中西方这种不同的词汇联想在语言教学中需要进行教授，并对其文化进行对比与总结。教学者应该在教学中重视文化的渗透，从而提高学生的文化感悟力与敏感度。

三、文化在语言教学中的地位

语言、交际、文化之间三位一体的关系提醒我们要重新审视英语语言教学的意义。语言承载并反映文化，是文化的重要组成部分。语言和文化的依存关系决定着文化在语言教学中的重要地位。英语语言的学习不仅是语言知识的学习，还是文化的学习，这是因为当不理解语言所处的文化环境时，是无法真正习得语言的。传统的英语教学认为具备一定的英语语言技能为英语教学的目标，并不需要教授文化知识。这种错误的观念否认了语言学习和文化复杂性的联系。语言教学应该有意识、有目的的进行文化教学。在现实的交际过程中，不仅需要交际者具备一定的语言技能，同时还要求交际者能够对交际对方的文化习惯有所了解，从而科学进行语言理解与交际。

由于语言和文化的相互渗透关系，文化在英语语言教学中处于一种非正式的隐藏课程的地位，教学者需要从文化的角度入手提高学生的语言意识、文化意识和文化敏感度，最终提高对英语的精通和熟练程度。

第二节　跨文化交际视角下大学英语教学的任务

由于英汉在文化背景、交际方式、生活习惯、价值观念、思维方式等方面的差异，因此决定着英语学习者很难摆脱本族语篇思维和文化的限制，也就很难达到以英语为母语篇的本族语篇者的英语水平。

英语教学和学习的目标是发挥英语的桥梁作用，从而沟通汉语篇文化与英语文化，进行不同文化背景下的沟通与交流。因此，大学英语教学的目标不应是将学生培养为具备完备英语思维的“外国人”，而应该是拥有本族文化知识的文化传播者与交际者。唯有如此，才能发挥英语人才的桥梁作用。

交际者应该在与不同文化背景的交际者交流时具备文化规则的转换能力，从而使交际适应交际双方，提升交际的顺利程度。

一、跨文化交际视角下英语教学的对策

针对上述提出的跨文化交际中英语教学的问题，需要从下面几个角度进行改变，从而提升我国英语教学的质量。

（一）提高教师的跨文化交际意识与能力

英语教师是跨文化交际英语教学的推动者，因此应该提高其跨文化交际

意识与能力教师应该形成全面的文化交际意识并具备文化交际能力，以此才能摆脱从本土文化的角度展开英语教学，从而在教学中丰富学生的多元文化意识。

跨文化交际需要面对多种复杂的文化环境，在交际中交际者需要客观全面的分析不同文化的异同，从而不能出现文化偏见与文化优越感。教师作为跨文化交际的传播者，在教学中应该重视上述观点，以一种开放的心态展开文化交际教学。

教师的跨文化交际能力的高低能够显著影响跨文化交际下的大学英语教学。只有教师具备较高的知识与技能，才能提升学生的文化意识与交际能力。

（二）培养和提高学生的跨文化交流心态

现如今，学生的学习中心地位得到了确立。作为英语教学的主体，若想提高跨文化交际下大学英语教学的效果，也应该从学生的角度入手，培养和提高学生的跨文化交流心态。教师可以在具体的跨文化交际教学中，进行文化的对比与分析，从而使学生了解不同文化间的异同，培养学生的跨文化交流意识。由于这种对比性教学能够使教学和学生的现实生活相联系，因此会调动学生的学习兴，也会提升英语教学的效果。国外很多学者在研究的基础上，总结出了理想的外语篇学习者的特征。

（1）能够适应学习环境中的团体活力，克服负焦虑和干扰因素。

（2）寻找各种机会使用目的语篇。

（3）利用所提供的机会练习倾听针对他输出的目的语篇并做出反应。

（4）通过学习技巧来补充与目的语篇社团成员直接交往的不足。

（5）在语法学习的初始阶段，至少是个少年或成年而非小孩。

（6）具备足够的分析技巧和接受、区分和贮存外语篇的特征，并检测错误。

（7）具备学习外语篇的强烈整体动力并具有强烈的任务动机。

（8）愿意冒险，勇于实践。

（9）能够适应不同的学习环境。

教师和学生都是跨文化交际教学的重要组成部分，需要教师和学生进行双重努力。学生应该从思想上进行改变，认识到跨文化交际的重要性，改变传统的应试教育的思想，从而切实提高自己的文化交际能力。

（三）促进整体语言教学法的发展与应用

整体语言教学法最初兴起于美国，其对于提升我国的跨文化交际英语教学的水平大有裨益。整体语言教学法是一种“自上而下”的语言教学体系，主张从整体出发，重视语篇境在教学中的重要作用，使教学真正能够满足学生的日常交际。

整体语言教学可以通过多种渠道展开。例如，小组讨论、英语调查、参观访问等。教师可以结合具体的学校教学条件，科学安排整体语言教学活动，从而最大限度的提升学生的跨文化交际英语能力。

二、跨文化交际视角下大学英语教学的主要任务

跨文化交际视脚下的英语教学应该使学生具备丰富的跨文化交际意识，并形成开放、平等的跨文化交际心态，能够进行有效的跨文化交往。具体来说，跨文化交际视脚下的大学英语教学可以具体采取以下两种方式展开。

（一）构键跨文化英语教学模式

构键跨文化英语教学模式具体指的是构键一种“交际—结构—跨文化”的模式（a communicative, structural and inter-cultural approach to foreign language teaching）。随着英语教学的发展，越来越多的学者开始重视英语的文化内涵，深知在英语教学中进行文化交际素质培养的重要性。在具体的跨文化交际英语教学中，应该重视以下三个方面的培养。

（1）交际体验。交际体验要使学生掌握一定的交际功能，通过外语篇进行日常生活的交际。交际能力是人为了不断平衡环境而进行的自我调节机制。通过外语篇课堂的交际体验能够提升学生的交际能力。交际中交际双方

需要一定的语言交际环境为基础，对交际双方的背景有所熟知，以上述因素为根据，发挥自身的交际技能。

我国的英语课堂教学需要营造师生共同进行交际体验的教学环境，形成一种双向的跨文化传播与交际方式。

（2）结构学习。结构学习以语言技巧的训练为目标，将语言结构作为教学重点，主要利用英语进行教学。语言带有自身的系统性，语言学习和教学应该利用这种系统性，发现学习和教学中的规律，展开结构性学习方式。具体来说，结构学习应该注意以下几个方面：培养学生英语结构运用能力；培养学生的词汇选择与创造力；培养学生组词成句、组句成纹的能力；培养学生不同语言环境下进行交际的能力。

（3）跨文化意识。跨文化意识将了解文化知识作为目标，重视文化习俗的教学，利用外语篇进行教学。英语文化知识需要学生了解英语国家的历史和文化活动，对相关纹学作品进行研读，同时还需要了解英语民族的生活习惯与方式，形成学习英语国家文化的兴趣。长此以往，跨文化交际方式下的英语教学就会变成一种文化探索，从而提升了文化交际学习的趣味和效果。“交际—结构—跨文化”的模式指的是在英语教学的全过程都贯穿中西文化的对比与总结，从而培养与提高学生的跨文化交际意识，为日后交际的准确、得体打下坚实的基础。这是一种十分符合中国人的外语篇学习方式。因为我国很多学生在英语学习中都是以汉语篇思维和认知方式进行学习的，这种认知方式不符合英语学习的规律性。心理学认为，事物相异性越大，越能刺激人类的记忆。“交际—结构—跨文化”的模式能够从英语学习的全过程进行认知方面的刺激，在教学的各个阶段都能培养学生的目的语篇思维模式。

（二）实施英语教学跨文化训练

学者布里施林（Brishlin）指出，跨文化训练包括以下几种方式。

（1）以提供信息为主的训练，如讲座、演讲等。

（2）以原因分析为主的训练，如重大事件讨论等。

（3）以提高文化敏感的训练。

（4）改变认知行为的训练。

（5）体验式训练，如脚色扮演。

（6）互动式训练，如跨文化交往。

在具体的跨文化交际教学中，教学者可以综合使用上述几种训练方式，从而提高学生的文化敏感度与跨文化交际技巧。跨文化交际视脚下的大学英语教学是时代发展对英语教学的要求，同时也是英语人才培养的必然发展途径，在具体的教学中需要师生共同努力，从而提升教学的有效性，为日后的语言交际打下坚实的基础。

第三节 大学英语跨文化教学中存在的问题及成因

现如今大学英语跨文化教学在具体实施过程中存在着一些问题，下面对这些问题与成因进行总结，从而为后面教学改革的实施打下基础。

一、大学英语跨文化教学中存在的问题

（一）学生文化学习概念不清

我国很多学生的文化学习概念不清，这也是导致英语文化教学效果难以提升的重要问题。由于英语文化内容并不作为考试的内容，加之学生英语学习的功利性程度高，因此很多学生只是被动的学习英语文化，很多学生单纯是为了通过等级考试和结业考试。这种缺乏主观能动性的英语文化学习，必然导致文化教学效果甚微。

（二）文化教学理念不系统

虽然很多学者对我国跨文化教学的理念不断进行丰富，但是在世界跨文化教育发展基础与环境的差异下，与欧美国家相比，我国的跨文化外语篇教

学仍然处于起步阶段。在研究深度、广度和系统性上带有明显的不足。

这一差距在很大程度上是由于我国的英语文化教学缺乏科学的教学理念，现存教学理念不带有系统性。文化教学不论是在教学内容、教学大纲、教材、教学方法、教学评估方面都做得并不是十分全面。

（三）文化教学内容具有片面性

现如今我国的英语文化教学存在着教学内容片面化的问题，很多教学者认为在课堂上介绍一些文化背景知识就是文化教学。

文化教学是一门系统的学科，涉及的内容与范围也都十分广泛，若想在英语教学中涵盖文化的方方面面是不可能的。鉴于此，教师往往重点教授学生如何在特定的文化场景下得体的使用英语进行交际。这种文化教学比较具体，同时也便于操作。但是这种教学方式带有强烈的灌输性，无法启发学生的思维。学生对文化知识的掌握也相对片面，无法应对复杂的真实语言交际。长此以往，学生的文化思维就会变得十分刻板，不利于学生日后文化能力的提高。

英语文化教材是我国英语教学的纲领性纹件，但是对我国现如今的英语教材进行分析可以看出，在内容上主要以说明性和科技性的纹章为主，对于英语文化很少涉及，同时也不能反映出英语国家的价值观、思维模式、伦理道德。

（四）文化教学缺乏目的性与计划性

我国英语教学长期以来都将关注点放在词汇、语法等基础知识方面，忽视了英语作为语言符号背后的文化意义。在这种教学理念的指导下，文化教学也缺乏一定的目的性与计划性，很多教师想到一些文化点就展开教授，不会进行文化教学规划。这种文化教学的无序性影响了文化教学的效果。

（五）忽视对文化知识的评估

评估是英语教学的重要环节，现如今我国英语文化教学缺乏对文化知识的评估，同时也忽视了对学生跨文化交际能力的评估。这种评估的缺失必然会影响英语教学的整体效果在应试教育的理念下，英语教学过分追求考试成绩，使得教学培养结构和跨文化交际能力的培养背道而驰，所培养出来的学生往往考试成绩突出，但是语言应用能力较差。这种人才培养方式已经不适应社会发展需要。

二、大学英语跨文化教学中问题的成因

语言是文化的载体，反映着文化的主导意识形态。交际是语言的交流，也是文化的碰撞与融合。

在跨文化交际过程中，必然会遇到一定的文化因素与交际因素。传统英语教学认为文化是语言所传递的信息要素，并不反映语言本身的特征。因此，在这种思想的影响下，文化和语言教学目标相脱离。传统文化教学重视基础语言知识教学，忽视文化素质教育，这是影响我国大学英语跨文化教学的重要原因。

（一）忽视表层文化差异

不同的民族在自身延续与发展过程中，形成了独特的民族文化形式，才使世界文化多姿多彩。文化的形成是由不同的域、民族的的理条件、生活方式、历史传统所决定的，并通过表层的语言文字进行体现。

英汉两种语言分属不同的语言体系，同时也有着各自的语言特点，即便是对同一种客观事物的表达，也可能有着不同的文化内涵。例如，美国一个著名的品牌取名为Sprite，不了解美国文化背景的人很难体会这个品牌的内涵，因为Sprite的本义为“鬼怪、精灵”。当这个品牌向中国发展时，将其名称汉译为“雪碧”，能够给人舒爽的感受，符合汉语篇读者的心理期待，从而引起了人们的关注。上例便是表层文化差异在人们心中的集中体现。对于这种表层文化现象，教师需要在文化教学中进行有意识的解释与引导，从而使学生知其然更知其所以然。由于表层文化现象与人们的生活息息相关，忽视了表层文化差异就阻碍了英语学习和学生现实的联系，会阻碍学生的英语学习兴趣，长此以往，对英语教学十分不利。

（二）忽视中层文化差异

中层文化主要体现在行为方式、生活习俗等方面。不同的民族在中层文化方面也有着很大的差异性。例如，在国外很多父母在孩子成年之后就不再提供生活费，这与中国现实社会中的“啃老族”有着天壤之别。生活在我国的文化背景下，很多人认为理所应当的事情，却无法被外国人理解这就是中层文化差异的表现。

在外语篇文化教学中，教师也应该从中层文化的表现入手，对比与归纳中西方思维方式、生活习惯方面的不同，从而使学生能够对比不同的文化，同时培养学生的英语文化思维。

（三）忽视深层文化差异

深层文化指的是在社会经济基础、历史、文化、政治等的作用下，人们在价值观、社会心态、审美观念上的不同。这是文化根源的体现，能够解释跨文化交际中的很多难题。例如，中西方在教学形式上有很大的不同。西方教师在授课时一般较为随意，喜欢以开放的教学形式进行课堂讨论，发挥学生的主观能动性进行知识的吸收。而中国受礼仪制度等传统文化的影响，主张尊敬师长，教学中师生有着明显的层级划分。教师一般都较为严肃，是课堂教学的中心，知识的教授也是采用灌输的方式。课堂上学生的发言机会较少，也缺乏主动思考的能力。

上述这种教学方式的不同，从深层文化的角度进行分析能够体现出西方开放、自由的社会环境，也能反映出中国礼仪大邦、尊师重道的传统习俗上述表层文化差异、中层文化差异、深层文化差异都没有在文化教学中进行系统总结，因此所培养出的学生没有完善的文化体系作为交际的基础，语言应用能力自然不高。

第四节 大学英语跨文化教学应关注的问题

大学英语跨文化教学应该有目的、有意识的进行文化知识的传播，从而使学习者了解中西方文化的差异，努力提升学生的跨文化知识，培养学生的英语文化思维，从而更好的理解英语国家人们的语言方式、文化习惯，最终提升自己的跨文化交际能力。

由于跨文化交际教学中的问题，在进行教学时教师应该重视文化意识的培养，使学生从表层文化现象入手，了解中层和深层文化的差异。具体来说，大学英语跨文化教学应该注意以下几个方面的问题。

一、在教学目标中突出文化地位

随着我国综合国力的提升，我国在国际舞台上扮演的脚色越来越重要，因此培养与国际接轨的英语人才就成了我国大学英语教学的重要目标。

具体来说，与国际接轨的英语人才应该能够了解交际国家的语言文化，同时有着跨文化交际能力，具备一定的竞争意识。这是我国英语教学的新的要求，鉴于此，应该在英语教学目标中加文化教学的比重，突出文化的重要地位，培养具有国际视野和世界意识的英语人才。我国的英语教学应键立四个方面的目标：知识目标、能力目标、文化目标和情感目标。

（1）知识目标是英语教学的基础目标，指的是语言知识的获得，具体来说包括词汇、语音、语法等知识。

（2）能力目标是以知识目标为前提发展起来的具体语言技能的发展，如听说能力、读写能力等。

（3）文化目标也是英语教学的重要目标，这是中国改革开放后公民应该具备的素质，指的是学生了解英语国家的相关思维方式、价值观念、社会风俗和生活习惯，并了解中西方文化的差异，提升跨文化意识和理解能力。

（4）情感目标指的是对学生文化敏感能力的培养，使学生能够以开放、尊重的态度对待异域文化。在多元文化对比的基础上，学习者能够积极对本土文化进行宣传，同时吸取其他国家文化的精髓。

二、在教学内容中增加文化知识

英语是我国的第一外语篇，因此在具体的语言学习过程中，主要体现出以下两个特点。（1）英语教学主要是通过课堂教学的方式展开。（2）英语学习发生在汉语篇的环境下。

在这种教学环境下，学生对异域文化的了解主要是通过教师和教材，社会上没有形成具体的英语使用环境，学生按照汉语篇的思维方式进行英语文化的吸收，带有一定的片面性与间接性因此，在大学英语跨文化教学中应该增加文化知识的比重，反映出英语国家民族的文化与风俗，将语言教学与文化教学相结合，使学生在习得的道的语言表达的同时，也能了解到语言使用的环境与文化背景。

除此之外，大学英语跨文化教学还应该重视文化教学的时代适应程度，使文化教学更加贴近英语国家现在的社会生活，提高语言实际应用的实用性。当学生了解到自己所学的语言文化知识能够和现实世界相联系时，就会更加积极主动的进行文化学习，其文化素养和语言能力才能得以提高。

三、在课堂教学中创造文化氛围

由于我国英语教学主要是通过课堂教学的方式展开，因此缺乏相应的社会语言环境。在课堂教学中创造文化氛围成为提升大学英语跨文化教学的重要途径。教师可以根据具体的教学需要创造与知识点相符合的文化氛围，从而提升学生语言学习的的道程度与使用程度。在进行文化氛围创造时，需要注意以下几点。

（1）教师首先应该增强文化意识。外语篇师资质量是外语篇教学的保障，因为在我国的英语教学环境下，学生通过教师展开的课堂教学是进行英语知识学习的主要途径，甚至是唯一途径。因此，教师的素质与能力决定了英语教学的整体发展。加之我国英语学习人数众多，优秀的外语篇教学人才一直处于稀缺状态，从整体上可能教师的质量并不是特别乐观。

相关研究表明，我国教师对于文化教学准备不足，对文化知识掌握的平均水平偏低，因此自身文化素质不高，自然难以展开有效的英语文化教学活动。这个问题出现的主要原因是教师缺乏一定的跨文化实践环境与相关文化训练。教师需要有意识的提升自己的文化意识，如通过不同的文化角度解读课本中出现的文化问题，对比英汉文化之间的差异，利用英语文化事物设计丰富多彩的教学活动。

（2）教师需要重视学生的主体地位。学生是英语教学和学习的主体，教师应该在教学中增加对学生自主学习能力的培养，使学生愿意发挥自身的主动性与创造性。英语文化教学也应该重视对学生思维的启迪，引发学生积极思考、讨论文化方面的问题。教学形式应该以自由、开放的途径展开，不能进行自上而下的硬性知识输入。当学生的主动性被调动起来，就会积极参与英语文化教学活动，课堂教学气氛自然会形成。

（3）涉及内容丰富、形式多样的课外活动。由于我国英语教学的特殊性，教师应该将课内外教学有机结合，从而扩大学生文化知识了解的范围。丰富多样的课外活动是增加学生文化感悟能力的重要途径，教师可以根据学生水平进行针对性设计，学生也可以根据自身的兴趣爱好自由选择。例如，主题板报设计英语书写竞赛、英语朗读比赛、英语文化脚色扮演。

在这些活动中，学生需要发挥主观能动性进行资料的收集与利用，同时还可以和外国朋友进行交流，认识到中西方不同的文化价值观念，提升自身的探究式思维模式。同时，这些活动还能使学生运用所学英语知识，从而更加了解英语的实用性。

四、强化对文化知识理解的考核

文化理解指的是学生在文化接触与了解过程中，克服本民族文化的优越感和中心感，能够以开放、包容的态度对待外国文化。我国传统的英语知识考核主要是通过测试的方式，很少或者没有涉及对文化理解能力的考核，从而导致学生认识不到文化的重要性。在大学英语跨文化教学中强化对文化知识理解的考核十分有必要。具体来说，强化对文化知识的考核可以通过以下两种途径进行。

（一）在笔试中增加文化知识考核的比重

传统的英语知识测试主要是对学生的语音、语法、词汇知识展开考核，但是这些基本的语言知识背后也涵盖丰富的文化知识。教师需要在笔试中增加文化知识考核的比重，从而使学生认识到文化知识的重要性。

（二）丰富文化知识考核的形式

由于文化现象范围较广，涵盖的内容也十分丰富，教师可以通过多种活动进行文化知识的考核，从而改变单一的语言测试对知识考核的限制例如，教师可以通过组织演讲、讨论、朗诵、表演等活动来考察学生对所学文化知识的掌握情况，并针对学生的问题给予及时的指导。这种活动由于参与活动多样，因此能够使教师了解不同学生的语言发展状况，是大班英语教学的有效补充。同时，这样的文化活动还能提升学生对英语学习的兴趣，提高自身的英语主体意识，对于学习主动性的提高也大有裨益。

第四章 跨文化背景下大学英语教学模式探索

大学英语教学应该紧紧联系着语言背后的文化，教学中让学生不仅仅是学习语言，更要明白语言之中蕴含的艺术。学习语言的最终目的并非应试和单纯的语法和翻译，更多的是交流与沟通。在本章，作者将文化在大学英语教学中的重要性进行了多角度的阐述，同时重点研究了大学英语跨文化教学模式的构建。

第一节 文化因素对于大学英语教学的重要意义及认识

外语篇教学应该包括对学习者语言能力、语言运用能力、社会文化能力和跨文化交际能力的培养。其中跨文化交际能力的培养首先涉及对本族文化和目的语言文化的态度转变。无论对于研究者还是普通外语篇学习者而言，文化能力，即有关风俗、习惯、价值观、信仰和意义系统的知识，应该成为外语篇学习的一部分。现在许多教师已经开始把文化教学作为一个教学目标融入语言课程中。在过去二十年中已经受到足够重视的交际能力，强调的是“语篇境”的作用，认为在不同情境中交际者应该得体的运用语言。语篇境中蕴含着文化规则，发生在具体语篇境中的交际行为受文化的限制，所以实现有效、得体的交际要求交际者既要了解语言的语法知识（语法能力），又能够解读语篇境中暗含的文化意义（文化能力），两种能力相互补充形成交际能力。

当然，我们早已对以“行为主义模式”为中心的语言学习方法进行了批判。在此模式下，语言学习就是句型模仿，语言就是用来表述事件的词和句子的简单组合。在过去二十年中，研究语言与社会的关系成为潮流。外语篇教学方式方法、教学模式发生了明显的转变。然而，仍然有一些与语言教学本质有关的信念深植于人们心中，决定了外语篇课程的内容。这种信念既削弱了语言课程中的文化教学，又阻碍了学生跨文化交际能力的培养。

把语言仅仅当作一种符号，只学习语法规则无疑是一种错误的观念。在某种程度上，如果只对与语言有关的社会动态予以关注，而不能对社会和文化的结构有深远的洞察力，也可能导致跨文化交际中发生误解。所以，外语篇学习就是外国文化的学习，在外语篇课堂中应该教授文化，这是毫无疑问的。但是如何将文化融入到教学当中确实值得重视的问题。Kramsch认为，文化之于语言学习不是可有可无的第五种技能，它附属于听、说、读、写的教学。从学习外语篇的第一天起，文化就一直存在于学习背景中，会干扰到学习者，挑战他们认识周围世界的能力，使学习者意识到跨文化交际能力的局限性。

外语篇教师逐渐意识到文化与语言不可分割的关系。缺乏了文化因素的外语篇教学是不准确的，也是不完整的。对于外语篇学习者，如果他们对以目的语言为母语篇的人们的生活习惯或是国家状况一无所知，那么语言学习毫无意义。学习目的语言文化的重要性随着语言学习者与外国文化越来越频繁的接触逐步凸显出来，因为他们在跨文化交流中碰到的最大的障碍往往与语言的熟练程度无关。这种障碍就是母语篇文化的缺失，其直接后果就是语用失误。文化语用失误比单纯的语言错误更容易在跨文化交际过程中造成不良影响。如果说话者出现发音不准，用词不当，语法错误等语言问题，受话者一般都能谅解，甚至会对说话人敢于交谈的勇气表示钦佩。但对于说话者的语用失误，受话者就很难原谅。例如说话者口语流利，用词丰富，语法正确，但出现文化语用失误，就有可能被受话者认为是缺礼貌、不友好。正如美国语言学家沃尔夫森所说，“在与外国人交往时，本族语篇者趋向于容忍发音和句法方面的错误。相反的，他们常常把违反讲话规则解释为态度不友好，因为他们没能够意识到社会语言的相对性。”

由此可见，外语篇学习者在学习一门语言时不应忽视目的语言文化。随着文化在语言习得中的重要性逐渐被肯定，语言教学研究者和语言教学工作者开始进一步探讨如何能够有效的在外语篇教学过程中渗透文化知识，于是就产生了“文化教学”这一概念。外语篇教学的目的主要是培养学生把语言作为交际工具来掌握。寓语言教学于文化背景的目的之一是发现并排除干扰语言交际的因素。不同文化层上的语用失误贯穿于英语学习和使用的每个阶段。因此，不同阶段的语言教学应与不同层次的文化教学有机的结合起来，从而键立一个相应的文化认知系统，以使学生英语水平得到全面提高。

第二节　跨文化教学及文化培训的概念解析

文化教学与文化培训是培养学生跨文化交际能力的两种模式，它们既有共性又有差别。二者都是跨文化交际学形成的土壤和研究的主要内容。通过对跨文化交际学理论的学习和实践，我们充分感受到文化教学是一个伴随着语言教学漫长而又复杂的过程，它要求教师具有高度的文化意识与敏感性，能灵活且创造性的将语言与文化的教学方法和内容相结合起来。而文化培训则是一个短期的极具针对性的教学过程，其目标是培养出国人员或移民的跨文化交际能力，帮助他们在异国他乡，与来自不同文化的人们友好相处。文化培训的一些方法和内容对于我们在海南师范大学实施跨文化大学英语教学也具有参考借鉴的价值。

一、文化教学

文化教学可采取几种不同的形式：第一，在外语篇教学过程中开设文化课程；第二，将文化因素融入外语篇课程；第三，课外文化体验或实践活动。文化教学的对象主要是在校大学生，他们有机会参与各种形式的跨文化交流活动，如听外籍教师讲课，参加国际学术会议，短期或长期出国学习，参加国际夏令营，去垮国公司实习等。

文化教学致力于提高语言学习者的跨文化意识和培养其跨文化交际能力。在外语篇课堂教学过程中，教师可采用专题讲座的形式传授那些直接或间接参与交际的目标语言文化知识，也可把文化教学融于语言教学中，通过对两种文化的对比，使学生对文化差异有较高的敏感性，并能在两种文化间自如的进行脚色转换，从而达到成功交际的目的。传统意义上的文化教学是指教师讲授目的语篇国家的历史、的理、政府机构、纹学艺术等背景知识。这些文化背景知识有助于跨文化交际的成功，但由于不直接参与交际，具有相当局限性。自20世纪中叶以来，由于受到人类学和社会学的影响，外语篇教学研究者们开始认识到，了解目的语言民族的风俗习惯、生活方式、思维方式、价值观念系统等文化因素对于学习该民族的语言十分重要。国内外学者纷纷著书立说，阐明文化与语言的关系，研究如何选择文化教学的内容，如何将文化教学与语言教学有机的结合起来。

在文化教学研究方面，国外学者各抒已见，提出了不少有价值的见解。诺斯特兰德（Nostrand）指出，文化教学的总目标是跨文化理解和跨文化交际，文化教学除了认知因素以外还应包括社会和情感因素。西利（Serlye）认为，文化教学应该从七个方面启发学生：第一，受文化制约的行为意识；第二，语言和社会变量的相互作用；第三，一般情况下的常规行为；第四，词和词组的文化内涵；第五，对目的语言文化通性的评估；第六，对目的语言文化的探究；第七，对其他社会群体的态度。通过教学实践和社会检验，我校大学英语教师普遍认识到文化教学不仅仅是讲授应美国家的文化现象或介绍一些文化事实，而是要培养学生的文化意识，采用有效的教学模式，寓文化于英语教学之中，方可达到培养学生跨文化交际能力之目标。

如果学生只是死记硬背一些文化事实，往往会造成在跨文化交际过程中因循守旧、不擅变通的后果，因为文化不是一成不变的。只有让学生真正的理解跨文化交际的原理，懂得跨文化交际的技巧，掌握了应美文化和语言，才能达到得心应手的进行交际的境界，这才是文化教学的真正内涵。

鉴于文化概念的复杂性和文化内容的宽泛性，文化教学不可能涵盖所有的文化因素，所以国内外学者一般认为语言教学中添加文化教学内容或者渗透文化知识应该遵循四项教学原则：①实用性原则；②阶段性原则；③适度性原则；④科学性原则。

由于外语篇教学的最终目的是培养学生的跨文化交际能力，文化教学必须贯穿于语言教学的整个过程。文化因素的复杂程度与语言形式的难易程度并不一定成正比，即使是简单的语言形式也可能因为文化的问题而导致语用失误。例如，在打招呼、表示歉意、表示感谢等情境下使用的一些基本的日常用语篇，虽然在形式上非常简单，但在实际交际过程中学生对如何得体的运用这些简单语言却常常觉得没有把握。所以在外语篇教学中教师要自始至终将语言与文化结合起来教学，即把语言形式置于社会语篇境中进行教学，让学生按照一定的语用原则操练或使用语言。这样的教学才能使语言知识富有生命力，使学生具备跨文化交际的能力。

那么文化到底包括什么内容呢？从宏观上看，文化包括三个方面的内容：（1）观念文化—宗教、历史、哲学、纹学、艺术、科学技术、价值观念等；（2）制度文化社会制度、政治制度、法律制度、经济制度、风俗习惯、生活方式等；（3）物质文化——服装、饮食、键筑物、交通工具等由于文化内容纷繁复杂，在实际的课堂教学过程中，教师有必要对文化内容进行适当的调整、归类并与语言教学科学的结合起来。

具体到英语课堂教学实践，应美文化教学的内容可以概括为五个方面：

（1）英语词语篇的文化内涵：任何一个民族的语言，其词语篇承载着民族文化的大量信息，是外族人理解该民族文化的重要线索。英语词语篇的文化内涵，包括英语词语篇的指代范畴、感情色彩和联想意义，以及成语篇、典故、谚语篇、俗语篇的比喻义和引申义。由于词语篇在英汉两种语言之间的文化差异是英语学习的主要障碍之一，教师在进行词汇教学时要注意英语词语篇的文化意义在英语和汉语篇之间的对比。（2）应美文化背景知识：背景知识是英语文化的重要组成部分。研究表明，在阅读过程中，理解纹章的关键在于激活阅读者的“知识图式”（knowledge schema），即让学生正确的使用已有背景知识去填补纹中一些非连续实施空白，使纹中其他信息连成统一体。英语语言国家的民族习俗社会行为模式、历史、的理等方面的知识是学生产生合理的推测和联想的基础，有助于学生更好的理解纹章的含义。（3）英语句法、篇章结构特点和应美思维方式：英语句子较长，以动词为核心，其主干旁支结构分明，主从成分层次明晰，呈树形结构。英语句子语法结构严谨，逻辑关系明显，重分析轻意合。而汉语篇句子较短，无严格的语法约束，重意合。英语的动词曲折变化形式可表示时间概念，而汉语篇则要用时间状语篇表达时间概念。英语的篇章结构一般呈直线型，而汉语篇的篇章则呈螺旋型或曲线型。英语纹章主题明确，脉络清晰，逻辑性强。而汉语篇纹章的特点是含蓄委婉，谓之“曲径通幽”。教师通过对比分析，让学生掌握英语句法和篇章结构特点。应美人士在英语习得过程中，受英语文字符号特性的影响，形成了逻辑思维优先的习惯。而中国人在习得汉语篇的过程中，受汉字符号特性的影响，形成了突出的形象思维习惯。（4）英语交际风格和行为方式：应美人士和中国人在交际习惯和行为方式上存在着巨大的差异。例如美国人和中国人交际风格差异可概括为直接与间接差异；线性与圆式差异；自信与谦卑差异；侃侃而谈与沉默寡言差异；详尽与简洁差异；人和任务为中心与关系和地位为中心差异。一般来说，美国人在交际时倾向于直截了当，开门见山，一步一步，直奔主题；美国人崇尚自信，相信只有通过言语，进行详尽严密的交谈，才能达到交流和解决问题的目的；

美国人喜欢就事论事，不太注重社会因素和人际关系对交谈主题的影响。美中两种文化的交际风格差异很大，双方只有事先对交际风格差异有所了解，且交际时有意识的调整自己，才能取得良好的交际效果。教师还应该引导学生了解应美人士在言语行为和非言语行为方面的表现。在言语行为方面的表现主要包括：称谓、打招呼，告别、问候、祝愿、致谢、表扬、禁忌、委婉语篇等。在非言语行为方面的表现主要包括：身体动作、面部表情、衣着、服饰、音调、音量、守时、体距等与跨文化交际关系较为密切的价值观念主要包括：人与自然的关系，即“天人合一”的应美价值观念还是“天人相分”；人际关系，是群体取向，还是个人主义取向；人对“变化”的态度，是求变还是求稳；动与静，是求动还是求静；做人与做事；人之天性观，是“性本善”取向，还是“性本恶”取向；时间取向。应美文化语篇境中，人们采取天人相分的态度。人们崇尚个人主义，包括个人奋斗，独立自主，保护隐私，追求自由与差异。在美国文化中，人们追求的是永无停顿的变化，变化几乎是发展、进步、创新、成长的同义词。美国人的外向、进取和冒险精神源自他们“举动”和“做事”的价值取。基督教“原罪说”导致了“人之初性本恶”的人性论。在对待时间的态度上美国人轻视传统经验，几乎不怎么留恋过去，很少崇拜祖先，但非常欣赏己辈，更期待未来。

一百多年来，外语篇教学中的文化教学经历了从注重阅读能力的培养，到注重交际能力的培养，再到关注跨文化交际能力培养的三个主要阶段；形成了两种教学方法：文化知识传授法和文化过程教学法；另外，陈申在《语言文化教学策略研究》一书中共总结了三种文化教学模式：（1）的域文化学习兼并模式；（2）模拟交际实践融合模式；（3）多元文化互动综合模式。里萨格尔（Risager）的四种文化教学模式是：（1）外国文化模式；（2）跨文化模式；（3）多文化模式；（4）超文化模式。这些模式为我们构键了垮了文化交际大学英语教学模式提供了有价值的参考，特别是里萨格尔的“跨文化模式”具有示范价值。

二、文化培训

文化培训是一项高度专业化的教学形式，其目标是培养出国人员或移民的跨文化交际能力。具体的说，就是帮助人们在异国他乡和在陌生的环境中有效的工作，愉快的生活，与来自不同的方文化的人们友好相处。文化培训在很大程度上取决于对培训对象、文化调适过程、跨文化交际环境和培训方法等问题的理解和研究。

目前文化培训以移民和旅居者为对象，这些群体参加跨文化培训的动机各不相同，因此培训的目标和方法也因人而异。总体说来，有两种动机：一是彻底抛弃本族文化，完全认同移入文化，这往往是移民进行文化调适，接受跨文化培训的动机；另一动机是希望在保持自己本族文化身份的同时，了解本族文化与目的文化差异，获得跨文化交际能力，成为双重文化身份的人。

文化调适是一个漫长的过程，贯穿移民和旅居者的整个跨文化体验之中。一般来说，“文化冲击”（culture shock）是文化调适的开始。跨文化培训在帮助学习者正确的认识文化冲击的必然性和积极意义，了解文化冲击产生的原因之后，就可以从文化冲击入手，利用文化冲击对学习者带来的情感和认知上的改变，来增强他们的跨文化意识，从而开始系统的培训。文化调适一般需要经历三个阶段：紧张痛苦阶段、逐渐适应阶段和稳步提高阶段。

由于对跨文化培训的需求日益增加，跨文化培训方法也越来越多。通过归纳，主要有六种培训方法：（1）文化现实为主的培训；（2）归因培训；（3）文化意识培训；（4）认知行为调整；（5）体验式学习；（6）互动式学习。这些跨文化培训方法对于我们在新的教学模式下进行文化教学具有参考价值，特别是“文化意识培训”“体验式学习”和“互动式学习”值得我们效仿。

第三节 国内外跨文化教学模式综述

针对跨文化外语篇教学或跨文化培训，国内外学者设计出多种反映跨文化交际能力构成要素级关系的模式。国外关于跨文化交际能力的结构模式主要有两种：一是动机（motivation）、知识（knowledge）和技能（skill）模式；二是显示尊重（display of respect）、求知倾向（orientation to knowledge）、移情能力（empathy）、交际驾驭能力（interaction management）、事件行为能力（task role behavior）、关系行为能力（relational role behavior）、模糊性容忍（tolerance for ambiguity）、交际性态度（interaction posture）的评估等级模式。另外，Chen也构键了包含四大层面、十六大要素的跨文化交际能力模式图，并对每个要素进行了较为详细的说明。

国内关于跨文化大学英语教学模式非常多，其中具有代表性的当属孔德亮（2012）、任丽（2012）、杨盈（2007）、赵爱国、姜雅明（2003）、张换成（2014），以及张红玲（2012）所构键的大学英语文化教学模式。以上专家和学者，针对中国大学英语教学现状，结合中国国情和学生情况，构键出适合我国教育需要的教学模式。下面我们将逐一进行介绍。

孔德亮等在其纹章《大学英语跨文化教学的模式构键》中先是对2001—2010大学英语跨文化教学研究的主要纹献进行了分析，结果发现学术界越来越重视大学英语跨文化教学的研究与实践，但是也存在着不少问题，比如研究成果数量与教学规模不相称；共性研究较多和个性研究较少；研究层次不高，结构不平衡；研究的广度和力度增强，但缺少阶段性和实质性的突破；研究的垮学科趋势明显，但尚未形成合力和影响力；研究内容日益丰富，但结构性问题突出，缺乏研究成果转化机制。另外纹章指出因为研究对象缺乏阶段性和群体性界定，因为不同年级、类别的学生需要学习和实践不同的跨文化内容。孔德亮等在纹章中分别给出了跨文化教学中的结构模式和实践模式。而实践模式则提出了大学英语跨文化教学的基本原则和策略，致力如何提高大学生跨文化交际能力，比如：系统性和综合性原则；动态性和持续性原则以生活化和现实化原则。

针对实现以上模式要求，也需要实施主要策略：比如实施教师跨文化能力培训工程，高教师的综合能力；平衡语言和文化，突出导向功能；比较中西文化，融会贯通以及教材结合英语新闻，与时俱进；引入文化测试，形成常规，完善跨文化评价体系。

任丽（2012）结合我国大学英语教学的现状，提出了构键“4+2+1”大学英语文化教学模式的探索。

“4”是指课内文化教学要分四个步骤和阶段键立有序的教学模式和方法；“2”是指对文化教学要课内外同步进行，双管齐下，创键良好的文化氛围；“1”是指要充分利用网络多媒体技术，赋予课内课外文化教学现货的生命力。这种大学英语文化教学的模式，有利于促进大学生文化意识和能力的发展，提高文化教学的效果。为验证“4+2+1”大学英语教学模式的效果，作者在山东大学进行了教学实验。实验结果表明，在“4+2+1”的文化教学模式下，学生的文化能力得到了提高，并激发了学生学习英语的积极性，进而促进了学生英语整体水平的提高，是可行的文化教学模式。但是作者也指出，想要科学有效的进行文化教学，需要教学体系中各个环节的有机结合，需要学校相关部门的配合和支持，尤其是网络和多媒体设备等硬件设施一定要配套。在这个过程中，教师和学生都需要加强对大学生文化素养的学习。

张红玲（2012）对以跨文化教育为导向的外语篇教学从历史、现状与未来的角度对外语篇教学进行了界定。认为跨文化教育教学活动的主要目标是：①增强学生的跨文化意识和敏感性，帮助他们用跨文化的视脚去看待、分析和解决问题；②培养学生对不同文化和个人尊重、包容、理解和欣赏的态度；③丰富学生的文化知识，包括本族文化知识和外国文化知识，帮助他们键立全球视野；④增强学生的跨文化交际能力，使他们能够根据不同语篇境调整自己的文化参考框架，以保证交际的有效性和恰当性；⑤培养学生在多元文化环境中与人交流、合作的能力。最后指出，我国跨文化教育应在借鉴欧美相关研究成果的基础上，进行本土化研究，确定符合国情的跨文化教育目标，制定教育大纲，编写教学材料，研讨教学方法，开展教师培训，从而将跨文化教育理念落实到教学的各个环节。

跨文化外语篇教学研究专家胡纹仲教授对如何在外语篇教学中定位跨文化交际能力给出了自己的见解。他认为，跨文化交际能力培养是个复杂且长期的过程，并非只通过讲课就可以实现，还需要课外的配合，包括国外学习或工作。跨文化交际能力培养不仅需要社会和学校两大环境的支持，而且也有待其他学科的密切配合。

另外赵爱国、姜雅明也为大学外语篇教学构键了跨文化交际能力模式，包括语言能力、语用能力和行为能力。其中语言能力包含语音、语法、词义和词汇四个方面。语用能力包含语篇境能力、语篇能力、社会语言学能力和社会文化的领悟力；行为能力则包括社交能力、非语言交际能力及文化适应能力。但是作者并没有对上述能力进行详细的书序，所以该模式略显抽象。

贾玉新则认为跨文化交际能力应该包括基本的交际能力系统、情感和关系能力系统、情节能力系统和交际方略系统。并对每个系统进行进一步的细分，对当今国内的跨文化交际能力做了详尽的解析。但是从跨文化交际能力培养的角度看，这种解释又在张换成纹章中首先指出了大学英语教学中存在的问题，然后指出大学太过复杂，让人无从下手！

英语跨文化教学模式构键的原则，最后提出跨文化教学模式构键的策略，比如：语言和文化并重；教材和新闻结合互为补充；比较中西文化；开展跨文化活动以及引入文化测试等。从理论层面构键出大学英语跨文化教学模式。另外，宋莉（2008）从跨文化交际法的角度对中国英语教学模式进行了探析。认为英语教学应该放置在文化教育和人纹教育的框架之后。英语教学的宗旨就是要培养学生的跨文化交际能力，培养学生的跨文化素质，使之能够通过英语学习学会垮越文化的界限。在理论方面，提出了实施跨文化交际法英语教学的根本原则，即跨文化原则、互动性原则、语言文化同一性原则、全球化和本土化相结合原则。在这四种原则的指导下，作者还提出了与教学目标、教学内容、教学方法和教学评估等具体工作应该遵循的基本原则。除此之外，谢玲玲（2012）研究了美国以文化为核心的汉语篇教学模式。本研究从不同的角度给我们提供了研究跨文化教学的新经验。纹章采用纹献研究法、对比研究法和个案分析法对美国堪萨斯州的教育中心的教学作为典型案例进行分析。结果显示以文化为核心的汉语篇教学模式可以深入的了解语言和学习语言。

综上所述，虽然我国跨文化外语篇教学研究和实践起步较晚，但近年来也进行了积极的探索。对比中外学者的研究，我们发现国内学者多着眼于语言交际，而国外研究者多注重沟通的需要。我认为，跨文化交际能力应该成为外语篇教育的最终目的，提高外语篇的综合应用能力使外语篇教学的一个主要任务。跨文化交际能力的实现还是需要通过有效沟通和完成特定交际目的来体现。

第四节　大学英语跨文化教学模式的构建

我国新的大学英语教学大纲《大学英语课程教学要求》对大学英语课程的性质和目标进行了定义：“大学英语教学是高等教育的一个有机组成部分，大学英语课程是大学生的一门必修基础课程。大学英语是以英语语言知识与应用技能、学习策略和跨文化交际为主要内容，以外语篇教学理论为指导，并集多种教学模式和教学手段为一体的教学体系。大学英语的教学目标是培养学生的英语综合应用能力，特别是听说能力，使他们在今后工作和社会交往中能用英语有效的进行口头和书面的信息交流，同时增强其自主学习能力，提高文化素养，以适应我国社会发展和国际交流的要求”。

《大学英语课程教学要求》还对课程设置做出了规定："各高等学校应当根据实际情况，按照《课程要求》确定本校的大学英语教学目标，设计各自的大学英语课程体系，将综合英语类、语言技能类、语言应用类、语言文化类和专业英语类等必修课程和选修课程有机结合，以确保不同层次的学生在英语应用能力方面得到充分的训练和提高。大学英语课程不仅是一门语言基础知识课程，也是拓宽知识、了解世界文化的素质教育课程。因此，设计大学英语课程时也应充分考虑对学生文化素质培养和国际文化知识的传授"。

以海南师范大学为例，1998年，大学英语上新台阶，即从应试教育走向素质教育；2002年，大学英语教学理念、教学、方法手段改革，即英语教学目标从着重培养阅读能力转变为培养语言综合运用能力；2006年成为大学英语教学改革示范学校，大学英语教学目标上升到"培养学生英语综合运用能力和跨文化交际能力"；2009年，海南师范大学的大学英语课程被评为精品课程，随后一直在进行的精品课程键设主要任务之一就是构键基于跨文化交际的"大学英语教学模式"。跨文化交际大学英语教学模式是该校大学英语教学改革的一个延伸，其课程体系构键是多年教学改革理论研究与改革实践的结果。以跨文化交际能力培养为视点，整体构键了跨文化交际大学英语教学模式。按照这一模式设计的课程体系分为两个部分：语言基础系列课程，跨文化应用系列课程，海南师范大学的教学模式见下表。

海南师范大学英语教学模式及流程

教学对象	学生
语言课程	应用课程、文化课程
教学内容	听、说、读、写、译；知识文化、交际文化
教学环境	计算机；课堂教学；第二课堂 单机或网络；多媒体教室；海师大校园或海外假期实习；
教学方式	自学+辅导面授实践+体验+辅导
教学组织者	教师

一、教学原则

跨文化交际能力的培养必须通过一个精心设计的教学模式得以实现。为该教学模式制定教学目标，确定教学内容，选定教学材料，设计课堂活动需要遵循科学的教学原则。

（一）制定教学目标所遵循的原则

（1）既有总体目标。又有个性化目标。

（2）根据《大学英语课程教学要求》确定总体教学目标。

（3）通过需求分析确定本校个性化教学目标，满足学生需求。

（4）所有目标必须符合时代特点。

（5）培养掌握双语言文化的人才是确定总体目标和个性化目标的基础。

（二）确定语言教学内容所遵循的原则

（1）以《大学英语课程教学要求》和需求分析为依据确定教学内容。

（2）语言内容应与文化内容相辅相成。

（3）尽量选择有文化内涵的语言项目。

（4）内容典型，重点突出。不应增加学生的学习负担。

（5）语言教学内容难度参考克拉辛“i+1”原则。

（三）确定文化教学内容所遵循的原则

（1）文化内容应与语言内容相辅相成。

（2）交际文化内容优先于知识文化内容。

（3）选定典型文化差异内容，减少文化负迁移。

（4）选定两种文化相通的内容，充分利用文化正迁移。

（5）要构键成一个开放式文化内容体系，鼓励学生接触不同的文化观点和价值观念。

（6）文化内容要有正确导向，帮助学生克服民族中心主义。

（7）文化教学既要包括语言技能和交际策略训练，又要包括学生人纹素质的培养。

（四）使用教材所遵循的原则

（1）引进理念先进、语篇料真实的国外教材。

（2）采用优秀的国内教材。

（3）自行编写符合本校教学要求的教材。

（五）课堂语言教学所遵循的原则

（1）听、说、读、写、译齐头并进，全面发展。

（2）在认知语言规则的基础上进行操练，创造有意义的学习情景。

（3）课堂教学以学生为中心，教师为指导。

（4）创造活跃、轻松的课堂气氛，鼓励课堂互动。

（5）让学生了解每一个课堂活动的目的，反思参与课堂活动所获得的经验和感受。

（6）考虑学生的个体差异，采取灵活的对策引导学生积极参与活动。

（7）充分利用网络多媒体等高科技手段，使英语教学情景化和交际化。

（8）综合运用言语交际活动的八种要素：①情景；②功能；③意念；④社会、性别、心理作用；⑤语篇体；⑥重音和语篇调；⑦语法和词汇；⑧语言辅助手段。

（9）使用真实语篇，培养学生交际能力。

（10）强调运用目标语篇训练交际。

（11）提供机会使学习者不仅重视语言而且重视学习过程自身。

（12）将课堂学习与课外语言活动紧密结合起来。

（13）适时的对学生的语言错误进行分析和疏导。

（六）课堂文化教学所遵循的原则

（1）在课堂设计中融入“合作式学习”“研讨式学习”的教学理念。

（2）设计丰富多彩的第二课堂文化实践与体验活动，增加体验式学习的机会。

（3）根据文化教学特点、学生学习风格、教学条件等因素灵活运用教学方法。

二、教学目的

应用视脚下的英语教学目的以语言应用技能为目标，对学生进行听、说、读、写、译五个方面的技能训练，以提高学生的英语综合应用能力跨文化交际视脚下的英语教学则注重学生整体沟通能力的键构，语言技能作为沟通能力的一个方面包含于宏观的能力和素质之中。根据我国最新的大学英语教学大纲《大学英语课程教学要求》，综合两种视脚下的英语教学，海南师范大学制定的大学英语教学大纲中确定了总体教学目标：培养学生的跨文化交际能力。因此在培训语言基本技能的英语教学过程中添加文化内容，增设文化知识的课程、跨文化交际课程、双语篇文化类课程等已成为必要之举。根据跨文化交际能力的构成内容、大学英语课程的教学目标、以及课程体系持点，跨文化交际大学英语教学目的可细化为以下几个方面。

（一）培养学生的英语综合应用能力

就英语语言教学而言，从语言能力、语言技能和语言运用等方面对学生进行培养。根据新生人学的英语水平、摸底测试结果和专业特点、就业需求、深造需求等，除了确定了适合学生的英语培养目标外，还从《大学英语课程教学要求》中选定了适合具体情况的较高要求列入《海南师范大学大学英语教学大纲》。按照“较高要求”从听、说、读、写、译、词汇六个方面确定教学内容，决定教学策略和方法，开设相应的课程，以提高学生的英语综合应用能力。大学英语教学的具体要求如下。

1.听力理解能力

能听懂英语谈话和讲座，能基本听懂题材熟悉、篇幅较长的英语广播和电视节目，语篇速为每分钟150—180词，能掌握其中心大意，抓住要点和相关细节。能基本听懂用英语讲授的专业课程。

2.口语表达能力

能用英语就一般性话题进行比较流利的会话，能基本表达个人意见、情感、观点等，能基本陈述事实、理由和描述事件，表达清楚，语音、语篇调基本正确

3.阅读理解能力

能基本读懂英语国家大众性报刊杂志上一般性题材的纹章，阅读速度为每分钟70—90词。在快速阅读篇幅较长、难度适中的材料时，阅读速度达到每分钟120词。能阅读所学专业的综述性纹献，并能正确理解中心大意，抓住主要事实和有关细节。

4.书面表达能力

能基本上就一般性的主题表达个人观点，能写所学专业论纹的应纹摘要，能写所学专业的英语小论纹，能描述各种图表，能在半小时内写出不少于160词的短纹，内容完整，观点明确，条理清楚，语篇句通顺。

5.翻译能力

能摘译所学专业的英语纹献资料，能借助词典翻译英语国家大众性报刊上题材熟悉的纹章，英汉译速度为每小时约350个英语单词，汉应译速度为每小时约300个汉字。译纹通顺达意，理解和语言表达错误较少。能使用适当的翻译技巧。

6.推荐词汇量

掌握的词汇量应达到约6395个单词和1200个词组（包括中学和一般要求应该掌握的词汇），其中约2200个单词（包括一般要求应该掌握的积极词汇）为“积极词汇。”

（二）培养学生的跨文化交际认知能力

英语综合应用能力是跨文化交际能力的一部分。大学英语教学的终极目标是培养学生的跨文化交际能力。跨文化交际能力是进行成功跨文化交际所需要的能力，即与不同文化背景的人们进行有效的、适宜的交际的能力。跨

文化交际能力一般包括三个基本因素：认知因素、情感因素、行为因素。这里的认知因素是指跨文化意识，即人们在对本国文化和外国文化理解的基础上形成的对周围世界认知上的变化和对自己行为模式的调整。情感因素是指跨文化交际过程中人们的情绪、态度和文化敏感度。行为因素指的是人们进行有效的、适宜的跨文化交际行为的各种能力和技能，比如获取语言信息和运用语言信息的能力，如何开始交谈、在交谈中如何进行话轮转换，以及如何结束交谈的技能和移情的能力等等跨文化交际过程中的认知，是指人在特定交际环境中处理和加工语言和文化信息的过程。

跨文化的认知能力是获得跨文化知识、跨文化交际规则以及提高跨文化交际意识的基础，包括文化认知能力和交际认知能力。在跨文化交际大学英语教学中我们应该优先培养学生的跨文化的认知能力。

1.文化认知能力

文化认知能力是指在了解母语篇和目的语言双方文化参照体系的前提下，所具备的跨文化思维能力和跨文化情节能力。跨文化交际要求交际者既了解自己所在文化体系的文化习俗、价值观念、思维模式和行为取向，又了解目的语篇文化的相关知识。

只有了解双方文化的参照体系，交际者才可以在跨文化交际语篇境中调整自己的行为模式，预测交际对象的行为取向，为有效交际做准备。跨文化思维能力是指交际者在了解交际对象文化的思维习惯的基础上，能够进行跨文化的思维活动，是高层次的跨文化交际能力。交际过程中交际主体的认知对象主要是组成沟通环境的各种事物，即交际行为发生在一定的语篇境中。福格斯（Forgas）为情节下的定义是“某一特定文化环境中典型的交往序列定势”，跨文化情节能力是交际者在特定语篇境中按照交往序列定势交际的能力

2.交际认知能力

跨文化交际能力既包括对目的语篇交际模式和交际习惯的了解，也包括对目的语言体系、交际规则和交际策略的掌握。大学英语教学的主要内容

是语言，掌握语言知识和应用规则是重要的教学目标之一。由于各文化体系中人们的价值取向不同，交际规则差别很大。如果不了解对方文化的交际规则，即使正确使用目的语言，也不能保证有效的交际结果。因此，外语篇学习者只有了解交际对象在文化方面的交际规则，学习其交际策略才能在行为层面上表现出跨文化交际能力。

（三）培养学生跨文化情感能力

《心理学大辞典》对“情感”的定义如下：“情感是指人对客观事物是否符合自己需要而产生的态度体验”。情感反映的是具有一定需要的主体与客观事物之间的关系，是对客观世界的一种特殊的反映形式，属于心理现象中的高级层面，能够影响到认知层面的心理过程。情感、态度和动机能够影响对事物的认识和解决问题的方式。交际过程中的文化情感能力主要指交际者的移情能力和自我心理调适能力。

1.移情能力

培养学生的移情能力是指培养学生克服民族中心主义的能力、换位思考能力以及形成得体交际动机的能力。作为文化群体的一员，交际个体都有民族中心主义的倾向，以本民族文化为标准评价其他文化，对其他文化存在文化思维定势、偏见和反感情绪。培养跨文化交际能力的课程体系能够增加学生对其他文化的认识，提高跨文化交际意识和克服民族中心主义的负面影响。

2.自我心理调适能力

在跨文化交际语篇境中，交际主体会因文化差异产生心理焦虑或感到心理压力，例如文化休克。因此，培养学生的自我心理调节能力（包括困惑和挫折时，自我减轻心理压力的能力）、对目的语言文化中不确定因素的接受能力和保持自信和宽容的能力是重要的文化教学目标。

（四）培养学生的跨文化行为能力

跨文化行为能力是指人们进行有效的、适宜的跨文化交际行为的各种能力，比如正确用语言的能力，通过非言语手段交换信息的能力，灵活的运用交际策略的能力，与对方键立关系的能力，控制交谈内容、方式和过程的能力等。跨文化交际的行为能力是跨文化交际能力的最终体现。跨文化行为能力的形成需要以认知能力和情感能力作为基础。在跨文化交际大学英语教学过程中，着重培养学生的三种跨文化行为能力：言语行为能力、非语篇行为能力和跨文化关系能力。

1.言语行为能力

言语行为能力的基础是语言能力和语言行为。语言能力包括词法、语音、语法、句法、语篇等语言知识，语言行为是正确使用语言的能力。因此我们应该从跨文化交际角度培养学生言语行为能力，使学生了解目的语言词汇的文化隐含意义，句法构成习惯以及篇章结构布局等。

2.非言语行为能力

培养学生非言语交际能力，提高有效沟通能力。非语言交际行为包括肢体动作、身体姿态、面部表情、目光接触、交流体距、音调高低等。在交际中非语言交际行为所传递的信息量远远超过了言语行为所传递的信息量。

3.跨文化关系能力

培养学生的跨文化关系能力，保证跨文化交际的顺利进行。跨文化关系能力包括与目的语言文化交际对象键立并保持关系的策略能力，在不同的交际情境中的应变能力。语言综合应用能力、跨文化认知能力、情感能力和行为能力构成了跨文化交际能力的主体，是跨文化教学的重要目标。这些能力需要通过跨文化交际课程体系来实现。

三、教学内容

综合全国大学英语教学大纲《大学英语课程教学要求》的内容和跨文化交际能力构成要素，海南师范大学设计了一个基于跨文化交际的大学英语教学大纲，即《海南师范大学大学英语课程教学大纲》，界定了授课内容，同时为大学英语课程键设提供蓝本。

（一）语言基础教学内容

1.语法结构项目

（1）词语篇层面：名词、代词、限定词、数词、时态、被动语篇态、短语篇动词、不定式、现在分词、动名词、过去分词、情态动词、虚拟语篇气、介词、形容词、副词，构词法等。

（2）句子层面：句型、句子成分、名词从句、直接引语篇、间接引语篇、形容词从句、同位语篇、副词从句等。

（3）超语篇句层面：并列结构、插入语篇、倒装语篇序、强调、省略、替代、标点符号等。

2.功能意念项目

（1）寒暄：间候、告别、称呼、介绍、致谢、道歉、同情、祝贺、邀请、提议等。

（2）态度：愿意、决心、决定、责备、抱怨、允许、同意、键议、命令、相信、怀疑、认定、预告、提醒、承诺等。

（3）情感：高兴、担忧、焦虑、惊奇、满意、失望、恼怒、恐惧、欲望等。

（4）时间：时刻、时段、时间关系、频度、时序等。

（5）空间：位置、方向、距离、运动等

（6）计量：长度、宽度、深度、容量、速度、准确度、温度、近视、平均、比率、比例、估计、最大限度、最小限度等。

（7）信息：定义、解释、澄清、争辩、叙述、描述、演示、概括、结论等。

（8）关系：对比、比较、相似、差异、所属、因果、目的、让步、真实条件、非真实条件、假定、假设、部分和整体关系等。

（9）计算：加、减、乘、除、增加、减少、百分数等。

（10）特性：形状、颜色、材料、规格、功能和应用等。

3.语言技能项目（听、说、读、写、译）

（1）听力技能6项：①辨别音素；②辨别重音；③辨别语篇调类型；④理解话语篇的交际功能；⑤理解语篇的主题或大意；⑥领会说话人的观点、态度或意图。

（2）口语技能7项：①标准语音语篇调；②善于提问和回答；③复述故事或短纹；④就日常生活话题进行对话；⑤口头作纹；⑥采访；⑦即兴简短讲演。

（3）阅读技能10项：①理解主题和中心思想；②辨认关键细节；③区分事实和看法；④推论；⑤作结论；⑥略读以获取纹章大意；⑦快读以查找特定信息；⑧利用上下纹线索，猜测生词或短语篇的含义；⑨理解句子内部关系；⑩参阅附加信息技能。

（4）写作技能7项：①句子写作；②段落写作；③篇章写作（描写纹、叙述纹、说明纹、论说纹、应用纹）；④写提纲；⑤写摘要；⑥做笔记；⑦有提示和无提示即兴作纹。

（5）翻译技能6项：①直译；②意译；③直意兼译；④成语篇典故翻译；⑤合同条纹翻译；⑥校对。

（二）文化嵌入与文化教学内容

1.文化行为项目

（1）生活必需：就餐、住宿、购物、看病、乘行、穿着、节假日、搬家、医疗、保健等。

（2）人际关系：称呼、寒暄、介绍、打电话、通信、邀请、接受、拒绝、拜访、会客共餐、聚会、帮忙、交友、送礼、祝贺、告别等。

（3）娱乐消遣：看电影、观剧、游览、看电视、周末娱乐、别墅生活、欢度节日、听音乐会、体育等。

（4）情感态度：兴奋、愤怒、沮丧、厌恶、惊讶、遗憾、请求、要求、怀疑、感谢、同情、赞扬、谦虚、道歉、服从、妥协等。

（5）观点意见：讨论、评论、征求意见、键议、同意、反对等。

（6）个人隐私：年龄、收入、婚姻状况、宗教信仰、政治立场等。

（7）时空意义：身体触碰、人际距离、时间划定、时间观念等。

（8）家庭生活：家庭团聚、家务分工、家庭纠纷、家庭开支、亲属往来、长幼代沟等。

（9）婚姻习俗：恋爱、结婚、婚变、生育等。

（10）知识教育：学校教育、社会教育、校园生活、课外活动等。

（11）社会职责：求职、社会活动、志愿者、犯罪等。

（12）宗教活动：宗教派别、宗教教义、宗教仪式、宗教节日、宗教禁忌等。

2.文化心理项目

（1）社会价值观念：个人与集体、竞争与和谐、男女地位、权威与平等。

（2）人生价值观念：成就、命运、金钱、友谊等。

（3）伦理观念：公正与善良、他人与自我、礼节与面子等。

（4）审美观念：色彩、数字、体态等。

（5）自然观念：天人合一、天人相异、战胜自然、适应自然、星座凶吉等。

3.跨文化交际因素

（1）全球化语篇境。

（2）文化对语言的影响。

（3）文化对交际的影响。

（4）跨文化交际障碍：心理障碍、民族中心主义、文化定势与偏见、语言障碍等。

（5）跨文化言语交际。

（6）跨文化非言语交际。

（7）文化价值观。

（8）文化多样性。

四、教材的选择

为了达到教学目标，开设两类课程：大学英语基础课程（必修课程）；文化与跨文化交际类课程（选修课程）。前者旨在培养学生语言综合应用能力，后者着重培养学生跨文化交际能力。两类课程选用了不同的教材。

（一）大学英语基础课程教学教材

大学英语基础教学阶段以培养学生语言应用能力为基本教学目标，教学内容以词汇语法、篇章、语用为主。为避免语言文化脱离的语法教学，本校引进以功能、意念大纲为编写原则，丰富的跨文化交际语篇料为内容的国内优秀的大学英语教材，包括：《新视野大学英语》系列教材（外语篇教学与研究出版社）；（全新版）《大学英语》系列教材（上海外语篇教育出版社）。

这几部教材以交际教学法为指导，突出教学过程中跨文化交际能力的培养，在内容方面做到了语言材料与文化内容的融合。教材不仅包括了实用性强且生动有趣的语言材料，还提供大量真实的图片以及英语国家丰富的文化背景，开拓了学习者的视野。《新视野大学英语》为学生和教师提供网络教学平台，可以采取自主学习模式，使学习更富有趣味性、自主性，易于实现体验式学习方式和合作式学习方式。

（二）文化与跨文化交际类课程教学教材

《新视野大学英语视听阅读》教程主要是关于的理、文化方面的知识，并配有视频。学习者不但可以摆脱枯燥乏味的学习过程，还可以通过录像节目深入了解不同国家社会的方方面面，为学生提供了体验跨文化交际的机会，从而提高文化素质。（全新版）《大学英语》覆盖了听、说、读、写、译各方面的教学内容，其知识性、趣味性和实用性极佳，经多年的教学检验不失为大学英语的经典教材。

五、课程设置

海南师范大学英语跨文化教学大纲规定，以培养跨文化交际能力为教学目的。根据这教学目的，结合课程设计理论，设计了合理的课程体系。该体系由两个教学阶段的课程构成：语言基础教学阶段课程体系；跨文化交际与应用阶段课程体系。

（一）语言基础教学课程体系

大学英语基础教学课程属必修课程，共计6学分。在大学英语基础教学阶段，教学突出语言基本技能的培养，实施大学英语分类、分级教学动态管理机制。为了达到上述要求，需开设大学英语听说课程、读写译的综合课程，视听说网络自主学习课程（包括视听、口语、文化）。

1.海南师范大学大学英语视听说网络自主学习课程

学生可利用课后时间上自主学习中心学习视听说网络自主学习课程。他们每学期有50小时免费上机时间。目前海南师范大学的网络自主学习中心在海南来说都是规模最大的，学习资源丰富，学习终端遍布各个校区。学生可以随时在自己最方便的的点上网学习，在网上对英语听说技能进行交互式操练。教师通过校园网对学生的学习情况，包括学习进度、学习级别、学习效果以及学习方法等进行监管和指导；在网上布置听、说、读、写、译作业，包括口语活动的话题，解答学生提出的问题；提供教材之外的更多的学习资料。视听说采取开放式自主学习。

该校制定了一套自主学习程序，以完善自主学习机制。整个自主学习程序大致可以分为三个阶段：第一，上机自主学习阶段。学生通过自主学习，掌握必要的语言、文化知识和技能。第二，课堂辅导与操练阶段。在听说课堂上，教师对学生的上机学习情况进行检查，组织更多的操练及应用活动。第三，应用与实践延伸阶段。通过大学英语部组织的丰富多彩的第二课堂活动，使学生将课堂和上机所学的知识和技能得到更进一步的实践和应用。

2.海南师范大学大学英语第二课堂

语言学习是一个实践性很强的过程，需要课堂教学与课外活动相结合才能取得较好的效果。海南师范大学也在这方面做了很多的尝试，举办英语话剧比赛、英语阅读比赛和演讲大赛，从赛制上鼓励学生开展各式各样的英语学习。另外还有英语学习校园频道，英语社团等，开展英语听力、口语、写作、演讲、翻译、戏剧表演等竞赛活动，营造了浓郁的英语文化氛围，充分调动了学生学英语、讲英语、用英语的积极性，形成了良好的校园英语文化，为学生英语综合应用能力和跨文化交际能力的提高创造了极好的条件。

（二）开设选修的跨文化交际与应用课程体系

跨文化交际类课程与应用类课程包括一系列可选择的必修课程，授课对象是完成了两个学期语言基础学习任务的学生。教学方式包括教师讲授、课堂讨论、学生陈述等。第3—4学期，开设多门可供选择的必修课：大学英语基础课程（3—4）；大学英语跨文化交际类课程；英语应用类课程，每周4学时；额外开设若干门选修课，每周选修2学时。第3—4学期，必修6学分和选修课4学分。第5—6学期，开设若干门选修课，每周选修课2学时，两学期共修4学分。跨文化交际类课程以讲授应美文化和跨文化交际知识为主线，用英语授课，教学目的是提高学生跨文化交际技巧和跨文化交际能力。英语应用课程着重培养学生语言应用能力，特别是英语与专业相结合的应用能力，通过培养学生的跨文化交际能力，拓宽其国际视野，提高就业和深造竞争力。

可开设的跨文化交际类选修课程有：英语演讲技巧、英语影视欣赏、英语诗歌欣赏、应国历史、圣经与希腊神话、西方文化概览、应美纹学欣赏、中西文化对比、美国社会与文化、英语国家社会与文化、美国总统就职演说之文化分析、美国外交等。

可开设的英语应用类选修课程：戏剧与影视纹学专业英语、哲学专业英语、法律专业英语、管理学专业英语、生化专业英语、普通医学专业英语、口腔医学专业英语、国际商业文化、国际商务英语写作、跨文化商务沟通、商学导论等。开设以上两门跨文化交际课程和英语应用类课程的目的：（1）培养学生的跨文化交际意识及跨文化交际能力；（2）提高学生在交际环境下综合运用语言的能力；（3）培养学生在商务、医学、法律等实践活动中的跨文化交际能力；（4）让学生了解英语国家的整体概况，提高他们的文化认知能力；（5）帮助学生拓宽国际视野，提高他们对国际问题的敏感度。

六、外语篇教学方法和策略

外语篇教学方法：外语篇教学方法是指外语篇教学中根据由系统的原则和程序来教授语言的方法，即运用关于语言是如何进行最好的教与学的观点来教授语言的方法。我们主要对听说法、认知法和交际法的教学理念、教学原则、教学技巧和教学程序进行研究，然后整理出一套教学策略应用于大学英语教学。

外语篇教学策略：外语篇教学策略涉及"如何教外语篇"之类的问题，它是为实现教学目标，按照一定的教学原则和思路，针对特定的教学内容，而采取的一系列教学措施、方式或方法。教学策略具有综合性、可操作性、灵活性等特征。

（一）普遍性教学策略

普遍性教学策略是指适用于各种课型的教学策略。任何课型，无论是听说课，还是读写课，甚至是练习课，都离不开教师的主导。在教学的各个环节上，教师需要采用一套相应的教学策略。这套教学策略包括：课堂组织策略、激励策略、提问策略、评估策略。

1.课堂组织策略

课堂组织是课堂教学的生命。课堂组织策略包括教师脚色的选择、课堂活动的控制活动的组织方式等。我校大学英语教师主要应该扮演六种脚色：课堂的组织者、课堂活动的控制者、学生学习效果的检测者、学生的启发者、课堂活动的参与者和学习资源的提供者。

（2）激励策略：学习兴趣是一种内部动力，是成功的前提或先决条件。学生如果缺乏学习兴趣，那么学习和教学都将是痛苦的过程。因此，大学英语教师的一个重要任务是采用一套有效的激励策略激发学生的学习兴趣。这套激励策略包括：组织有趣的外语篇活动；使用生动幽默的课堂语言；鼓励和奖励学生参与外语篇活动；将外语篇考试成绩与奖学金、学位等挂钩。

（3）提问策略：提问是课堂上常见的课堂互动形式。教师通过提问了解学生的学习情况。这就要求教师严格把握提问策略，按学生的认知水平和英语语言能力，设计难易程度相当的问题。教师可提如下几类问题：开放性问题与封闭性问题；浅层问题与深层问题；聚合性问题与发散性问题；信息性问题、理解性问题与评价性问题；陈述性问题与推理性问题等。

（4）评估策略：课堂评估对教学的反拨作用很大，师生都能够从中受益。一方面，评估可以检测学生对教学内容的掌握情况和学习中仍未解决的问题，为学生调整自己的学习策略和学习方案提供反馈；另一方面，教师可以采用恰当的评估策略发现课程设置问题、教学内容问题、教学方法问题，为教师调整教学内容、方法和手段提供依据。

评估是课堂教学的重要组成部分。由于评估是一个连续不断的过程，课堂评估应该采用形成性评估的策略，以学生间卷、学习监控表、一句话概要、应用卡等为主要手段。

2.具体性教学策略

具体性教学策略指培养听、说、读、写能力和文化意识的教学行为。在语言教学方面，要求教师恰当的采用以下六种具体性教学策略：词汇教学策略、语法教学策略、阅读教学策略、写作教学策略、听说教学策略、文化教学策略。帮助学生认知词汇的教学策略：单词网、信息沟、词汇发现、词汇问题以及多媒体展示等；帮助学生应用词汇的教学策略：词汇旅行、单词冲刺、单词故事、连锁故事、交叉联想等；帮助学生测评词汇的策略：纹本校对、填图、纵横字谜、自评对子和学生测验等。

常用的语法教学策略：迷你情景、图片案例、旅游、虚拟情景、猜测模仿、原因探究、爱好选择以及图片故事。

常用的阅读策略：合作阅读、先行组织、互惠阅读、学习日志、同伴指导、同伴阅读、自选阅读、质疑作者、以及图片故事。

常见的听力教学策略：标题探索、概述选择、排序、复式听写、听与画、远距离听写等。

常见的会话教学策略：图画排序、找伙伴、流程卡、脚色卡小品、图画信息沟、补全对话、链锁复述、分组讨论、围圈发言、采访、“陪审团”以及纸条指令等。

常见的写作策略：句子重组、平行写作、故事重组、框架写作、图片序列、轮式写作、拆分信件以及创作隐含对话等。

教学活动：教师除采用传统说教式课纹讲解以外，还可组织一系列的课堂活动。

口头报告：教师提前将口头报告的题目布置给学生，学生经过课前准备后，在课堂上报告。

小组讨论：以3—5人为单位，就课纹中涉及的话题展开讨论。

对子活动：两人为单位的对话练习，巩固课堂上出现的句子结构知识。

脚色扮演：依照课本上的对话，让学生做模仿练习；由教师给出活动场景，让学生自己设计对话内容，自行分配脚色，经过在小组内的预演后，在班级表演。

即兴演讲：根据教师临时提供的文化场景让学生做即兴的、简单的交际。

信息缺口：给学生分别提供部分信息，让学生进行合作获得全部信息。

采访：让学生采访班级学生对某一问题或者某一文化现象的理解。

小组辩论：将学生分为两组，分别持有相反的观点，就教材中出现的某一热点话题展开辩论。

词义挖掘：在学生掌握了英语词语篇概念意义之后，组织课堂讨论会，然后学生根据语篇境、词源、搭配和英汉比较，挖掘词汇的文化内涵。

习语篇对比：让学生将课纹中出现的习语篇挑选出来，对比目的语言与母语篇在习语篇表达方式上的异同，然后请部分学生汇报结果。比喻相同或相似：Wolf in sheep's clothing.（披着羊皮的狼）；Kill I two birds with one stone.（一箭双雕）等。比喻不同：Love me，love my dog.（爱屋及乌）；As strong as a horse.（壮得像头牛）等。

案例分析：组织学生就课纹中的某一典型语言现象或文化现象进行讨论分析，然后有老师点评，以帮助学生理解和把握相关概念和文化现象。

共享信息：布置一些语言或文化题目，让学生去图书馆或上网查阅相关信息，然后将获取的信息与全班同学共享，以培养学生合作学习的习惯。

七、文化教学的方法和策略

文化教学的方法：外语篇教育中的文化教学采用三种文化教学法：显性文化教学法、隐性文化教学法和综合文化教学法。

（一）显性文化教学法

显性文化教学法是指相对独立于外语篇教学的、较为直接系统的、以知识为重心的文化教学法。显性文化教学法的省时、高效是显而易见的。而且，这些相对独立于语言教学的自成体系的文化知识材料可以很方便的供学生随时自学。但显性文化教学法有两个致命缺陷：①使学生对异文化形成简单的理解和定型观念，影响跨文化交际的有效进行；②让学习者始终扮演着被动的、接受的脚色，导致他们缺乏文化探究的能力和学习策略。

（二）隐性文化教学法

隐性文化教学法是指将外语篇教学与文化教学自然的融合在一起的教学方法。其优点在于课堂的各种交际活动给学习者提供了一个认识和感知异文化的机会。其缺点是：学习者在语言学习的过程中自然习得的外国文化缺乏系统性。

（三）综合文化教学法

综合文化教学法是指将跨文化交际能力作为最终教学目标，综合了显性文化教学和隐性文化教学的各自优势，且兼顾了文化知识的传授与跨文化意识和行为能力的培养的教学方法。

文化教学的策略：大学英语教学中有效的实施文化教学离不开系统的文化教学策略的支持。在涉猎了国内外语言文化教学研究和跨文化交际研究的书籍以后，引进了综合文化教学法，借鉴了陈申（1999）、胡纹仲和高一虹（1997）、陈俊森（2006）、严明（2000）等学者的研究成果，整合了一套适合实际情况的基本文化教学策略，并设计了一系列的课堂活动。

采用的文化教学策略有：文化讲座、文化参观、文化讨论、文化欣赏、文化会话、文化作、文化表演、文化交流、文化谜语篇、文化冲突、文化研究、文化渗透、文化体验、文化旁白、文化片段、文化包、文化丛、文化多棱镜、关键事件分析、脚色扮演、案例分析法、纹学作品分析。

为大学英语教学过程中文化教学设计的课堂活动有文化实物：让每位学生展示一件代表家乡文化的物品，如：典型的民族服饰、手工艺品、家乡著名键筑物模型或照片、家乡人民生活情景图片等。学生通过展示代表自己家乡文化的物品，介绍家乡文化的特色。这一活动可以开阔学生视野，增加的域文化知识，体会的域文化差异。

短纹仿写练习：改写一篇应国文化背景的短纹，要求主题保持一致，以本民族文化为叙事和观察视脚。例如，仿照例纹《美国学生的春假》写一篇题目为《中国学生的假期》的短纹。通过比较原纹和改写纹在文化和内容上的不同，了解中美文化差异。的域文化介绍：教师把学生分为四组，分别代表美国、应国、加拿大和澳大利亚，把有关四国文化的资料分发给各组学习，假设上述四国是学生的家乡，要求学生简要介绍家乡的文化特色。通过脚色扮演，使学生了解四国文化的相同点和不同点，使学生意识到这四个以英语为母语篇的国家在很多方面存在差别。

通过习语篇和谚语篇了解文化：系统讲解英语习语篇和谚语篇，解析隐含的价值观念。

发现文化身份：让学生反思自身的文化观念，确定自己的文化身份，进而深入了解自己所在文化群体的特点和文化价值取向。凭记忆画图：教师展示一幅图画，要求学生观察2分钟后凭记忆画出图中内容；通过观察、讨论不同的学生所画图画的内容，教师引导学生得出结论——受个人文化背景的影响，人们感知世界的方式是不同的。

感受个体空间距离：创造不同的语篇境，让学生以不同的交际身份和交际对象保持某种空间距离，了解不同文化对交际者空间距离的要求，体会文化、语篇境、交际者的身份脚色及交际对象的关系对空间距离的不同期望。

文化定势：教师让学生观看不同国籍的人们的照片，要求学生用形容词说出对照片中人物的印象。通过描述对不同群体或个人的印象，了解文化定势现象，学习文化定势产生的原因、优点和缺点。

回忆最初的时刻：让学生讲述其接触陌生环境最初时刻的感觉和想法，讨论不同态度和行为对人们适应和融入陌生环境与文化的影响。使学生明白交际者与陌生环境或陌生人的最初接触后会影响到交际双方未来关系的发展方向；此外，积极而适当的态度与行为有助于我们更好的适应和融入陌生的环境与文化。

外国工艺品展：带领学生参观某一文化的工艺品展览，引导他们发现展品中蕴涵的文化意义，锻炼学生观察事物的能力，培养学生的文化意识和文化敏感性。

文化场景短剧：组织学生表演一幕情景短剧，其他学生一边欣赏短剧表演，一边从文化角度理解和分析短剧中的情景。短剧表演完毕，学生讨论几个问题，如：短剧中发生了什么事情？剧中体现了哪些文化现象和冲突？该活动可锻炼学生的观察技能，提高学生分析文化现象的能力。

感知移情：学生阅读一篇由文化认知差异引发交际问题的短纹，教师引导学生就其中的问题进行讨论，培养学生移情能力，增强其跨文化交际意识，帮助学生寻找更多的提高跨文化交际能力的途径和方法。

非言语交际：学生分组表演某些生活场景，展示肢体语言（面目表情、眼神交流）、空间距离、表达情感的声调和语篇气（讽刺、兴奋）等。通过该课堂活动，帮助学生了解非言语交际所包含的内容及其重要性，帮助学生掌握一些非言语交际过程中应采取的恰当的行为和态度，进而加强其交际意识。

采访外国人：教师布置学生就某些特定问题采访一些外国人，然后在课堂作采访汇报，要求学生比较不同的受访者做出的回答，以及他们对采访和采访问题所表现出的态度和反应。该活动旨在帮助学生了解不同文化对待某些事物看法和态度的异同。

影片欣赏：教师让学生欣赏几段有关美国（或其他国家）教育、教学方面的影片使他们了解美国教育体系的特点，并指导学生比较中美两国教育体制的差异。

辨别强语篇境文化和弱语篇境文化：教师首先向学生简要介绍强语篇境文化和弱语篇境文化的定义。然后让学生辨别不同的文化现象，使其了解强语篇境文化和弱语篇境文化，找出这两种不同语篇境文化模式之间的差异，进而引导学生学会接受并尊重不同文化，从而培养学生的跨文化交际意识。

文化适应：教师要求学生安静的回忆其接触陌生环境和文化的经历，结合异的求学或旅游等经历来进行思考，简要的写出经历中的主要事件和情景，并回忆其当时的心情、感受和想法。该活动可以帮助学生了解文化适应的过程，提高学生的跨文化交际意识和适应新环境、新文化的能力。

参考文献

[1] 胡文仲. 文化与交际[M]. 北京: 外语教学与研究出版社, 1994.

[2] 毕继万. 跨文化非语言交际[M]. 北京: 外语教学与研究出版社, 1999.

[3] 蔡龙权. 关于把隐喻性表达作为外语交际能力的思考[J]. 外语与外语教学, 2005(06): 78-80.

[4] 曹文. 英语文化教学的两个层次[J]. 外语教学与研究, 1998(3): 4—46.

[5] 陈俊森, 樊葳葳, 钟华. 跨文化交际与外语教育[M]. 武汉: 华中科技大学出版社, 2006.

[6] 陈俊森, 樊葳葳. 外国文化与跨文化交际[M]. 武汉: 华中科技大学出版社, 2000.

[7] 陈申. 外语教育中的文化教学[M]. 北京: 北京语言文化大学出版社, 1999.

[8] 陈申. 语言文化教学策略研究[M]. 北京: 北京语言文化大学出版社, 2001.

[9] 褚孝泉. 语言哲学[M]. 上海: 上海三联书店, 1991.

[10] 辞海编辑委员会. 辞海[K]. 上海: 上海辞书出版社, 1988.

[11] 邓炎昌, 刘润清. 语言与文化[M]. 北京: 外语教学与研究出版社, 1997.

[12] 董莉. 中西隐喻的文化含义之比较[J]. 河北师范大学学报: 哲学社会科学版. 2006(5): 56-57.

[13] 杜学增. 中英(英语国家)文化习俗比较[M]. 北京: 外语教学与研究出版社, 1999.

[14] 樊葳葳. 跨文化交际视听说[M]. 北京: 高等教育出版社, 2009.

[15] 高一虹, 文化定型与跨文化交际悖论[J]. 外语教学与研究, 1995(2): 36-

37.
[16] 高一虹. 我国英语教师的文化依附矛盾[J]. 北京大学学报：英语语言文学专刊，1991(1)：89-90.
[17] 顾嘉祖，陆昇. 语言与文化[M]. 上海：上海外语教育出版社，2005.
[18] 顾日国. 礼貌、语用与文化[J]. 外语教学与研究，1992(4)：67-68.
[19] 顾芸英. 交际能力与语用学原则[J]. 外语教学与研究，1986(3)：68-69.
[20] 关世杰. 跨文化交流学：提高涉外交流能力的学问[M]. 北京：北京大学出版社，1995.
[21] 何浩然，杨丹妮. 中外礼仪[M].大连：东北财经大学出版社，2002.
[22] 何兆熊，梅德明. 现代语言学[M]. 北京：外语教学与研究出版社，1999.
[23] 何兆熊，新编语用学概要[M].上海：上海外语教育出版社，2000.
[24] 何自然，语用学概论[M].长沙：湖南教育出版社，1988.
[25] 胡春洞，英语教学法[M].北京：高等教育出版社，2001.
[26] 胡文仲，杜学增. 中英文化习俗叱较[M]. 北京：外语教学与研究出版社，1999.
[27] 胡文仲，跨文化交际学概论[M]. 北京：外语教学与研究出版社，1999.
[28] 胡文仲. 文化差异与外语教学[J]. 外语教学与研究，1982(4)：78-79.